JN092766

英語で「道」を語る

大橋理枝・斎藤兆史

英語で「道」を語る（'21）

©2021　大橋理枝・斎藤兆史

装丁・ブックデザイン：畑中　猛

s-60

はじめに

　本書は，令和3（2021）年度開講の「英語で『道』を語る」の印刷教材である。章ごとに放送教材と連動した内容になっており，読解教材（Lesson 1, 2, 3, 5, 6, 8, 9, 11, 12, 14），および読解教材の英文中に現われた英語表現などを用いた学習教材（Lesson 4, 7, 10, 13, 15）から成っている。授業全体の趣旨は，日本人が慣れ親しんできた「〜道」なる営み，あるいは修業項目にどのような共通項や特徴があるのかを考え，異なる文化に親しんできた人たちにそれを伝えるための英語表現を学ぶというものである。具体的な「〜道」としては，とくに「茶道」「書道」「武道」「仏道」を取り上げ，そこに共通する特徴として「形の重視」「象徴性」「物語性」「逆説」などを論じた。

　日本文化の一部を分かりやすく説明するための英語表現を学ぶのであれば，英語で書かれた日本文化論なども大いに役に立つであろう。個別の「道」に関する英文著作も多い。しかしながら，その多くは外国人，とくに英語の母語話者によって書かれたもの，もしくは日本語で書かれた著作の英訳である。新渡戸稲造の『武士道』（Inazo Nitobe, *Bushido: the Soul of Japan*, 1900），岡倉天心の『茶の本』（Okakura Kakuzo, *The Book of Tea*, 1906），鈴木大拙の『禅と日本文化』（Daisetz T. Suzuki, *Zen and Japanese Culture*, 1959）などを例外とすれば，日本人が自分の英語で個別の「道」にまつわる営みを，ましてや「道」に通底する美学や論理を説得的に論じた著作はほとんど見当たらない。

　その理由としては，まず日本人にとって英語が習得しづらい言語であることが挙げられる。日本において「発信型の英語教育」などが標榜されて久しいが，英語による日本文化の発信が可能な段階まで達する日本人英語学習者は多くはない。それから，非言語的な意思疎通を重視する日本の文化風土も関係しているかもしれない。「道」は理屈で説明するものではなく，まず「型」から入り，体で覚えるものだとの（かならずしも間違ってはいない）教条を過度に信奉するがあまり，稽古項目を言

語化することが忌避されてきた可能性もある。また，とくに「道」の共通項を探る試みがなされてこなかった理由として，これも日本独自の一芸熟達の美学を挙げることができる。一つの「道」を極めるだけでも一生の大仕事だと考えれば，ほかの技芸まで俯瞰的に見ている暇などあろうはずもない。

　一方で，多くの「道」の達人，先達の言動や教えには多くの共通項が存在する。それどころか，その共通項は，我々日本人の何気ない生活の中にも組み込まれているようである。そう考えると，「道」を俯瞰的に見ることは，日本文化を読み解くことにもつながる。新渡戸稲造は，日本人の倫理観の根底に武士道があると言ったが，「武士」の時代が遠く過ぎ去ったいま，「道」がそれに取って代わったとの仮説も十分に成り立つ。とすれば，「道」を日本人が英語で説明すること，そしてまずその前に日本人自身が「道」を理解し，それを説明できるだけの英語力を身に着けることは，文化発信の観点からもとても有意義なことではないか。これがこの授業の基本的な問題意識である。

　本印刷教材は，担当講師二人が分担で執筆した。まず斎藤が読解教材の英文を書きおろし，注釈を大橋が担当した。復習の章は項目の説明を斎藤が，練習問題を大橋が執筆した。それぞれが担当した箇所はお互いに確認し合い，必要な調整を施した。読解教材の英文については，東京大学大学院の Roger Robins 教授にご一読をお願いした上で，いろいろとご教示をいただいた。また，放送大学の「FA 制度」に則って匿名レビューワーから校正段階でコメントを頂いた。この場を借りてお礼を申し上げたい。

　それぞれの章の内容については細心の注意を払って執筆したつもりだが，授業の開講年度を見ていただければお分かりのとおり，教材の草稿の確認段階で新型コロナ・ウィルス感染症の世界的大流行があり，調査や取材が思うに任せなかった。また，こちらもいくつかの「道」については多少の心得はあるものの，様々な道について俯瞰的な見方をすることを主眼としたため，文献的な調査にとどまっている部分も多く，思わぬところで不適切な書き方をしているかもしれない。実のところ，放送

授業の収録時には印刷教材がほぼ完成していなければならないとの授業
制作スケジュール上の制約があるため，放送教材へのご出演をお願いし
ている専門家の先生方の説明と食い違う可能性もなくはない。すでに何
人かの専門家のお話を伺いながら，なるほど，このように説明したほう
がよかったか，と思う個所もある。また，我々よりはるかに「道」に通
じた受講者，読者の方々がいらっしゃることと思う。至らぬ部分につい
ては，ご教示をいただければ幸いである。

　この印刷教材の作成については放送大学教育振興会の榊原泰平氏にご
尽力頂いた。また，放送授業の制作については，NHK エデュケーショ
ナルの塚谷理恵氏及び須佐麻美氏，放送大学の小笹浩氏並びに収録ス
タッフの皆様に大変お世話になった。放送授業のゲストとして出演して
下さった方々も含めて，皆様に厚く御礼申し上げたい。

令和 2 年 10 月

斎藤兆史
大橋理枝

6

目次 |

はじめに　　斎藤 兆史　大橋 理枝　　　　　　　　　3

LESSON
1 | 序／ Introduction　　　　　　　　　　　9

LESSON
2 | 茶道／ The Tea Ceremony　　　　　　21

LESSON
3 | 書道／ Brush Calligraphy　　　　　　35

LESSON
4 | 復習 1　　　　　　　　　　　　　　47

LESSON
5 | 武道／ Martial Arts　　　　　　　　57

LESSON
6 │ 仏道／The Way of Buddha   67

LESSON
7 │ 復習2   79

LESSON
8 │ 形の重視／Formalism   93

LESSON
9 │ 象徴性／Symbolism   105

LESSON
10 │ 復習3   121

LESSON
11 │ 物語性／Narrativity   133

8

LESSON
12 逆説／Paradox 143

LESSON
13 復習 4 155

LESSON
14 外国からみた「道」／
Dō Seen from Overseas 165

LESSON
15 道とは／What is *Dō* ? 177

練習問題解答 183
出典一覧 192
索　引 193

LESSON 1

序／Introduction

01   The tea ceremony, martial arts, Chinese brush calligraphy, flower arrangement, and Buddhist training. What do all of these have in common? Some may point to their origin in Asia, others their wide popularity in Japan. Indeed, there are many

05   other possible answers, but the shared charateristic we propose to underline in our introduction to this course is that these arts and disciplines, at least in their highest forms, all aspire to the fulfilment of *dō*, as can be seen in the composition of their Japanese names: *sadō*, *budō*, *shodō*, *kadō*, and *butsudō*. No matter

10   how different these practices may appear when viewed from the outside, they share the same philosophy. Without understanding that philosophy, a hundred rounds of tea drinking, physical and aesthetic training, or sutra reading and meditation simply amount to a hundred isolated experiences.

NOTES

[1] **tea ceremony**　「茶会，茶席」。頭に定冠詞の the がついて「茶の湯，茶道」の意味になることも多い。

[1] **martial arts**　「武道」。martial は「戦争の」の意。art の語義は様々あるが「わざ」もその1つ。martial art で見出し語として載せている辞書は多いが，複数形（martial arts）で用いることが多い。

[1] **brush calligraphy**　「書道」。calligraphy の語義は「能書」や「能筆」だが，それだけで「書道」の意味で用いられることもある。brush はここでは「筆」の意。

[3] **have … in common**　「…を共通に持つ」

[4] **others their wide popularity**　others の後に may point to が略されている。

[5] **charateristic**　「特徴，特質」

[6] **underline**　「強調する，…の重要性を示す」

[7] **discipline**　ここでは「修養法，修業課目」を指す。

[7] **aspire**　「（偉大・高遠なものを）志向する」

[8] **fulfilment**　「成就，実現」。動詞 fulfil の名詞形。なお，動詞，名詞いずれの場合も，アメリカつづりでは fulfill(ment) という具合に l を二重にする。

[8] **as can be seen in …**　「…に見られるように」

[8] **composition**　「組成，構造，組み立て」

[9-10] **no matter how …**　「どんなに…であっても」

[10] **practice**　「稽古，慣習，営業」など様々な意味があるが，ここでは「実践」。

[12] **round**　「（完結した1つの）過程，（時間・出来事などの）一巡」

[12] **physical**　「身体的な」

[13] **aesthetic**　「（審）美的な」という意味と「感性的な」という意味とがある。

[13] **sutra**　「経」。バラモン教やヒンドゥー経の経典も仏教の経典も指すことができる語。

[13] **meditation**　語義としては「瞑想」の意だが，坐禅を説明するのにこの語を使うこともある。

[13-14] **amount to …**　「結局…になる」

[14] **isolated**　「分離された，別々の」

01   Having said that, we find it extremely difficult to fully comprehend what *dō* is, let alone fully explain it. Part of the difficulty can be attributed to its blurred boundaries. We have already used three different concepts in discussing *dō*—art,

05   discipline, and philosophy—but it is none of the three, individually, or can be all of them combined. *Dō* sometimes transcends what is normally practiced under its name and functions as a tacit ethical principle that pervades daily activities in Japan. Another reason for the difficulty of defining the term is that it strongly resists

10   linguistic explanation and comprehension.

NOTES

[1] **Having said that** 「とはいえ，そうは言っても」。文法的には分詞構文だが，この3語ひとまとまりで慣用句として用いられる。

[1] **extremely** 「非常に」

[2] **comprehend** 「理解する」

[2] **let alone** 「…は言うまでもなく」

[3] **attribute to …** 「（結果・原因を…に）帰する」

[3] **blurred** 「ぼやけた」

[3] **boundary** 「境界」

[5] **individually** 「個別には」

[6] **combined** 「合体した」

[6] **transcend** 「超越する，（経験・理性・理解の範囲を）超える」

[7] **under its name** 「その名の下に」。基本形は under the name … 「…という名（称）の下に」だが，ここでは…に *dō* を入れると重複してしまうので形を変えてある。

[7] **tacit** 「暗黙の」

[7] **ethical** 「倫理的な」

[8] **principle** 「公理」や「原則」という意味もあるが，ここでは「行動規範」というような意味。

[8] **pervade** 「（考え・性質などが）…全体に普及・浸透する」

[9] **define** 「定義する，意味を明確にする」

[9] **resist** 「阻む」

[10] **linguistic** 「言葉の」

01 Language, after all, is an imperfect medium of communication. One example will suffice to prove this. We intuitively know that language cannot capture the absolute truth of human experience. Once given a linguistic form, however, this *05* intuition instantly transforms itself into a logical paradox: if the statement, 'language cannot capture the absolute truth of human experience', is true, it suggests that the statement itself is not an ultimate truth; but if it is false, this time it implies the possibility of the statement being true—hence an eternal chain of self-*10* contradiction. Considering that even what is intuitively perceived as true cannot be put into a precise linguistic form, we have to conclude that language can communicate only a small portion of our experiences.

NOTES

[1] **after all**　「結局，そもそも」

[1] **imperfect**　「欠陥のある，不完全な」

[1] **medium**　「媒体，媒介するもの」。情報を媒介する機関を表す語として用いられる「メディア」（media）は，この複数形。

[2] **example**　「例，実例」

[2] **suffice**　「（…には）十分である」。Suffice it (to say) that ...「…と言えば十分だ，…とだけ言っておこう」という慣用句もある。

[2] **prove**　「立証する，証明する」

[3] **intuitively**　「直観的に」

[3] **capture**　「捉える」

[3] **absolute**　「絶対的な，究極の」

[4] **once given ...**　「一旦…が与えられれば」

[4] **form**　ここでは「形，形式」の意。

[5] **instantly**　「直ちに，すぐに」

[5] **transform**　「変形させる，変容させる」

[5] **logical**　「論理的な」

[5] **paradox**　「逆説，パラドックス，自己矛盾を含む言葉」

[6] **statement**　「述べたこと，陳述」

[7] **suggest**　「提案する」という意味もあるが，ここでは「表す」や「示唆する」の意。

[8] **imply**　「暗示する」という意味もあるが，ここでは「意味する」の方が適切。

[9] **hence**　「これ故に，従って」

[9] **eternal**　「果てしない，とめどない」

[9-10] **self-contradiction**　「自己矛盾，自家撞着」

[10] **considering that ...**　「…を考慮すると」

[10] **perceive**　「気付く，理解する」

[11] **precise**　「正確な，的確な」

[12] **conclude**　「（…であると）結論を下す」

[12] **portion**　「部分，一部」

01   Given this understanding of language as an imperfect medium of communication, there are roughly two ways of using it to enable other people to share the same knowledge and experience as yours: one is to let language go as far as it can,

05   providing as faithful a map of experience as possible; the other is to use language as a signpost that points people to where language itself cannot reach. Some arts and disciplines (e.g., mathematics, philosophy, and the natural sciences) prefer the first way, others (e.g., religion, music, fine arts, and sports) the second. Zen, which

10   is one of the *dō* disciplines, famously uses language to suggest that language cannot capture its essence. The same way has been pursued by other *dō* arts and disciplines. They do use language at every stage of basic communication, of course, but mainly to draw their students out of a language-based understanding of their

15   activities into an experience of them as they are.

NOTES

[1] **Given ...** 「〜を考えると，〜であることを考慮に入れると」。本来は動詞give の過去分詞形から転じた形容詞だが，本文のように前置詞的に名詞句を導くことがある。また，接続詞的に節を導くこともある。

[2] **roughly** 「ざっと，おおよそ」

[3] **enable** 「できるようにする，可能にする」

[5] **provide** 「提供する，与える」

[5] **faithful** 「忠実な，正確な」

[5] **providing as faithful a map of experience as possible** 基本形として provide a faithful map of experience「体験を忠実に記述した見取り図を与える」があり，その faithful の部分が as ... as possible で修飾されている。この場合，最初の as は指示副詞として直接 faithful にかかるので，as faithful a map ... という語順になる。

[6] **signpost** 「道しるべ，手掛かり」

[7] **mathematics** 「数学」（s まで含めて単数扱い）

[8] **natural sciences** 「自然科学」（分野を言う時は s を付ける）

[8] **prefer** 「…を（〜よりも）好む」

[9] **religion** 「宗教」

[9] **fine arts** 「美術」

[10] **famously** 「良く知られているように」

[11] **essence** 「本質，真髄」

[12] **pursue** 「（目的を）追求する」

[14] **draw** 「描く」という意味もあるが，ここでは「引っ張る，引きつける」。

[15] **as they are** 「ありのままの姿として」

01   The approach we will take in teaching this course is a

mixture of these two. In some parts, we will try to be as logical as

possible in describing our observations on *dō* arts and disciplines;

in others, we will use or quote metaphors and narratives to suggest

05 ways their masters have pursued them. With this hybrid approach

to our elusive topic, the course will undertake the challenging task

of providing you with materials and insights for understanding *dō*

and explaining it (especially in English) as one of the key elements

of Japanese culture.

NOTES

[1] **approach** 「取り組み方」

[2] **mixture** 「混合，混和」

[3] **describe** 「(言葉で) 述べる，表現する」

[3] **observation** 「観察に基づく意見，所見」

[4] **quote** 「引用する，引き合いに出す」

[4] **metaphor** 最も狭義には「隠喩」を指すが，「比喩」一般を指す時にも使う語。

[4] **narrative** 「物語，語り，話」

[4-5] **to suggest ways their masters have pursued them** ways と their の間に in which が略されている。

[5] **hybrid** 「混成物，雑種，交配種」

[6] **elusive** 「捉えどころのない，分かりにくい」

[6] **undertake** 「…に着手する，始める」

[6] **challenging** 「骨の折れる」という意味もあるが，「意欲をそそる，やりがいのある」という意味もある。ちなみに日本語では，カタカナ英語の「チャレンジ」を「挑戦 (する)」の意味で，「難しい問題にチャレンジする」のような形で使うため，人が何かに挑みかかっていくことを表現する語として捉えている日本人が少なくないが，英語の challenge は，むしろ向こう側にある難題がこちらに挑みかかってくるイメージで使われる単語である。

[7] **material** 「素材，材料」

[7] **insight** 「(特に直観による) (…への) 洞察」

[8] **especially** 「特に，とりわけ」

[8] **element** 「(…の) 構成要素」

MEMO

LESSON 2

茶道／The Tea Ceremony

01   In the first part of *The Book of Tea* (1906) Okakura (Tenshin)

Kakuzo gives a brief historical survey of what he calls 'Teaism'

and notes (with playful allusions to Shakespeare's dramas) how

difficult it must be for foreigners to understand Japanese people's

05   enthusiasm for it:

The outsider may indeed wonder at this seeming much ado

about nothing. What a tempest in a tea-cup! he will say.

But when we consider how small after all the cup of human

10   enjoyment is, how soon overflowed with tears, how easily

NOTES

[1] *The Book of Tea* 岡倉天心（本名 覚三）による英語の著作『茶の本』(1906)。茶道を通して日本の文化や美意識を論じ，老荘思想や禅の思想を通して東洋精神を解説した。

[1] **Okakura Tenshin** 岡倉天心 (1863-1913)。明治時代の美術行政家・指導者・評論家。幼少時に英語と漢籍に親しみ，東京外国語学校，東京開成学校を経て東京大学文学部に入学。政治学，理財学などを学んだ後，アーネスト・フェノロサの日本美術研究の助手を務める。東京美術学校を創立，校長を務めた後，日本美術院を創立すると共に，ボストン美術館東洋部の顧問や部長も歴任。上記の『茶の本』のほかに『東洋の理想』(1903)，『日本の目覚め』(1904) など英語での著作がある。

[2] **brief** 「簡潔な，手短な」

[2] **survey** 「調査」という意味もあるが，ここでは「概説，概論」。

[3] **playful** 「おどけた，冗談（半分）の」

[3] **allusion** 「間接的な言及」

[3] **drama** 「劇，戯曲」

[4] **foreigner** 「外国人」

[5] **enthusiasm** 「熱狂，意気込み，情熱」

[7] **outsider** 「よそ者，門外漢」

[7] **indeed** 「いかにも，確かに」

[7] **seeming** 「外見上の，一見そう見える」

[7] **ado** 「騒ぎ」。*Much Ado about Nothing* はシェイクスピアの戯曲『空騒ぎ』。

[8] **tempest** 「大嵐，暴風」。*The Tempest* はシェイクスピアの戯曲『テンペスト』。

[9] **consider** 「考察する，…を心に留める」

[9] **after all** 「結局，つまるところ」

[10] **enjoyment** 「楽しみ，喜び」

[10] **overflow** 「あふれる，こぼれる」

[10] **tear** 「涙」。普通は複数形で使う。

01   drained to the dregs in our quenchless thirst for infinity, we
shall not blame ourselves for making so much of the tea-cup.

What is suggested here is that 'Teaism' is not just about
05   drinking tea but about something more than that, something that is
closely related to our view of life.

One of the basic assumptions of a tea ceremony is that it is
a once-in-a-lifetime opportunity for the host or hostess to extend
hospitality to a particular guest or group of guests and for
10   the guest(s) to partake of it. The proverb that most concisely
expresses this assumption is 'one occasion, one meeting' [*Ichi-*

NOTES

[1] **drain** 「飲み物を飲み干す」

[1] **dregs** 「(水・飲み物の底に沈んだ) かす, おり」。drain ... to the dregs で「(水などを) 飲み尽くす」という意味のほかに「(世の辛酸・幸福など) を味わい尽くす」という意味がある。

[1] **quenchless** 「癒すことのできない, 和らげられない」

[1] **thirst** 「(口・喉の) 渇き」

[1] **infinity** 「無限性」

[2] **blame** 「非難する, 小言を言う」

[2] **make much of ...** 「…を重んじる, 尊重する」

[4] **not just about ...** 「…することばかりではない (が)」。ここでの not just は, あとの but と相関的に用いられている。

[6] **relate** 「(…と) 関係がある, 関連づけられる」

[6] **view** 「(…に対する) 見方, 考え方」

[7] **assumption** 「前提」

[8] **once-in-a-lifetime** 「一生に一度 (あるかないか) の, 千載一遇の」

[8] **opportunity** 「機会, 好機」

[8] **host** 「(客をもてなす) 主人 (役), あるじ, (茶席の) 亭主」。hostess は host の女性形。

[8] **extend** 「伸ばす, 拡張する」

[9] **hospitality** 「(客や他人の, 報酬を求めない) 厚遇, 歓待, 親切なもてなし」

[9] **particular** 「(ある) 特定の, 特別の」

[10] **partake of ...** 「(…の) 相伴にあずかる」

[10] **proverb** 「ことわざ, 格言」

[10] **concisely** 「簡潔に, 簡明に」

[11] **express** 「(考えなどを) 表現する, 表す」

[11] **occasion** 「(…の／…する) 機会, 好機」

01   *go, ichi-e*], which might have originally come from the culture of

swordsmanship. Nobody is sure what will happen tomorrow, so

let's enjoy to the full this precious moment where we have been

so fortunate as to gather together. Everything the host/ess does in

05   a ceremony, therefore, should be motivated by an earnest desire

to entertain the guests, whom it may not be possible to see again.

On the other hand, the guests should try to be most sensitive to the

hospitality of the host/ess and recognize as many as possible of

the cultural signs that have been arranged (very often secretly) for

10   them.

For example, when a host/ess offers a tea ceremony for a

newly betrothed couple and their families, he or she may arrange

the whole ceremony in such a way that it should narrate a plot

of long-lasting blissful marriage. The host/ess may put in the

15   alcove an incense case with an image of Japanese Darby and Joan

NOTES

[1] **originally** 「元をたどれば，もともとは」

[2] **swordsmanship** 「剣術」

[2] **nobody** 「誰も…ない」。「～は誰もいない」と訳すとうまく通ることもある。

[2] **sure** 「確信をもって，自信を持って」

[3] **to the full** 「最大限に，十分に」

[3] **precious** 「貴重な，大切な，かけがえのない」

[3] **moment** 「瞬間，一瞬」

[4] **fortunate** 「幸運な，幸せな」

[4] **gather** 「集まる，集合する」

[5] **ceremony** 「儀式」

[5] **therefore** 「従って，それ故に」

[5] **motivate** 「動機を与える」

[5] **earnest** 「(言葉・感情などが) 誠実な，本心からの」

[5] **desire** 「願，願望」

[6] **entertain** 「(人を) もてなす，歓待する」

[7] **sensitive** 「(人が) (…に) (よく) 気が回る，敏感に反応する」

[8] **recognize** 「分かる，…と見抜く」

[9] **arrange** 「手配する，用意する」

[9] **often** 「しばしば，多くの場合」

[9] **secretly** 「内緒で，こっそりと」

[11] **offer** 「…を (人に) 提供する，申し出る」

[12] **betrothed** 「婚約した」

[13] **in such a way that …** 「…するような形で」　☞文法解説

[13] **narrate** 「物語る」

[13] **plot** 「筋，構想」

[14] **long-lasting** 「長く続く，長期に亘る」

[14] **blissful** 「至福の，幸福に満ちあふれた」

[15] **alcove** 「床の間」

[15] **incense** 「香」

[15] **Darby and Joan** 「仲のよい老夫婦」。本来は，1735 年に *Gentleman's Magazine* に載った物語詩に登場する老夫婦。日本では，謡曲「高砂」に登場する，老夫婦の姿をした松の精が夫婦円満の象徴とされている。

01 carved on it and hang a scroll with a message concerning a happy

marriage. On the guests' part, it is their responsibility to decipher

those signs and appreciate how careful the host/ess has been in

planning for this occasion. Since it requires this kind of nonverbal

05 communication based on special cultural codes, the art of *sadō* is

teeming with things to learn.

One of the apparently ritualistic forms that all *sadō* students

have to learn and practice concerns how to handle a teabowl at a

NOTES

[1] **hang** 「掛ける，吊るす，垂らす」

[1] **scroll** 原義は「巻物」だが「掛け軸」を指す場合にも使う。

[1] **concern** 「…に関する，かかわる」

[2] **on one's part** 「…としては，…の側では」

[2] **responsibility** 「（…に対する）責務，責任」

[2] **decipher** 「解読する，読み解く」

[3] **appreciate** 「（厚意などに対して）感謝する，有り難く思う」

[3] **careful** 「（…に対して）気を配る，気遣う」

[4] **require** 「（人・事情などが）必要とする，要する」

[4] **kind** 「親切」という意味でも同綴の語があるが，ここでは「（人・物など の）種類，部類」のこと。

[4] **nonverbal** 「言葉を用いない，非言語的な」。verbal は「言葉を用いた，言 語的な」。

[5] **code** 「記号，符号」

[6] **teem with ...** 「…に富む，…に満ちあふれている」

[7] **apparently** 「外見上，見かけ上は」

[7] **ritualistic** 「儀式の」

[7] **form** ここでは「型」を指している。

[7] **student** 「学生」という意味で馴染んでいる語だが「研究者」や「研究す ることが好きな人」を指して使うこともある。

[8] **practice** 「稽古する，練習する」

[8] **handle** 「（手で）扱う」。「手で触る」が原義。

[8] **teabowl** 「茶碗」

01   tea ceremony. When tea is served, you have to put the teabowl on

your left palm and slightly turn it clockwise a couple of times with

your right hand. What is the point? If you raise this question, tea

masters will tell you that the act of bowl-turning is an expression

05   of modesty and humility. When you are a guest at a tea ceremony,

the host/ess will put the teabowl on the tatami mat before you with

its front side facing you. This is an expression of hospitality: you

are encouraged to drink from the most important part of the bowl.

Then, instead of saying 'I don't deserve the honour', you discreetly

10   turn the bowl to refrain from putting your lips on the face side.

NOTES

[1] **serve** 「（食べ物・飲み物を）出す，供する」

[2] **palm** 「手のひら，掌」

[2] **slightly** 「わずかに，少し」

[2] **turn** 「回す，…を（回して）位置を変える」

[2] **clockwise** 「時計回りに，（向かって）右回りに」

[2] **a couple of times** 「何回か」。couple の原義は「一組，一対」なので，本来的には a couple of … は「一組／対の，２つの」の意となるが，a couple of times は，「２，３回」を中心として「数回」を意味することがある。

[3] **the point** 「（物事・問題の）要点，主眼点，肝心なところ」

[3] **raise** 「（問題・要求などを）提起する，持ち出す」

[4] **master** 「（技芸・教養などの）師，師匠」

[4] **act** 「行為，行い」

[5] **modesty** 「慎み深さ，謙遜」

[5] **humility** 「謙虚，へりくだり」

[7] **side** 「（物の前後・上下に対して）側面，側」

[7] **face** ここでは「（物が）…に面する」という意味の動詞。10行目のものは「正面」という意味の名詞（ただし，形容詞的に side を修飾している）。

[8] **encourage** 「（人に）（…を）勧める」

[9] **then** 「（通例文頭・文尾に用いて）その場合には，そういう事情なら」

[9] **instead of …** 「…する代わりに，…しないで」

[9] **deserve** 「（…するに）値する」

[9] **honour** 「名誉，栄誉」

[9] **discreetly** 「思慮深く，慎重に，控え目に」

[10] **refrain** 「慎む，遠慮する」

01   It is thus possible to explain the 'contents' behind all the forms of *sadō*, but the truth is that tea masters and students hardly refer to them in pursuing the art. Students are advised simply to concentrate on practicing those forms as properly and beautifully *05*   as possible until they internalize the values they signify: respect, courtesy, decorum, cleanliness, modesty, and so on. When a tea ceremony is enriched with those values and successfully conducted, it becomes a supreme celebration of our ephemeral life.

[1] **thus** 「このように，こんなふうに」
[1] **it is possible to …** 「…することが可能である」
[1] **content** 「（談話・著作又は種々の芸術を通して表現される）内容，意味」
[1] **behind** 「…の後ろに，背後に」
[2] **truth** 「（物・事の）真相，事実」
[2] **hardly** 「ほとんど…でない［しない］」
[3] **refer** 「（…に）言及する」
[3] **simply** 「ただ，単に」
[4] **concentrate** 「（意識などを）（…に）集中する，専念［専心］する」
[4] **properly** 「正しく，きちんと」
[5] **internalize** 「内面化する，（文化の価値・型などを）吸収する，習得する」
[5] **value** 「（道徳・慣習などの）価値観，価値基準」。この意味では通常複数
　　形で使う。
[5] **signify** 「（言葉・行為・合図などで）（考え，意向などを）示す，表す」
[5] **respect** 「（人・長所などへの）尊敬，敬意」
[6] **courtesy** 「礼儀正しさ，丁寧さ」
[6] **decorum** 「上品さ，慎み」
[6] **cleanliness** 「清潔，きれいなこと」
[6] **and so on** 「…等々，その他」
[7] **enriched** 「（物・事・人の）内容を（…で）豊かにする」
[7] **successfully** 「首尾よく，うまく」
[8] **conduct** 「行う」
[8] **supreme** 「最高［至高，至上］の，この上ない」
[8] **celebration** 「賛美，称賛」
[8] **ephemeral** 「束の間の，はかない」

MEMO

LESSON 3

書道／Brush Calligraphy

01   Not a few of the students of this course, I would guess, have visited some of the major museums in Europe and viewed old literary or religious manuscripts written in the elaborate art of calligraphy. The scribes of the Middle Ages were highly skilled 05 in this art, just as old Chinese scribes were in the art of Chinese brush calligraphy, from which the 'Way' of Japanese calligraphy evolved. Let me hasten to add that I am not suggesting that the Japanese 'Way' of calligraphy is better than the Western 'art' of calligraphy; what I would argue, instead, is that Japanese 10 calligraphy differs from Western calligraphy in its aspiration to be a manifestation of the calligrapher as a person. It is proverbially said in *shodō* that your hand represents your personality. A piece of brush calligraphy, then, should reveal something of the character of the calligrapher who created it.

NOTES

[1] **not a few** 「少なからずの」。A few「幾許かの, 僅かな」を否定している形。

[1] **guess** 「推測する, 憶測する」

[2] **museum** 「博物館, 美術館, 記念館, 資料館, 陳列館」

[3] **literary** 「文学の, 文芸の」

[3] **religious** 「宗教上の, 宗教的な」

[3] **manuscript** 「原稿」のことも指す語だがここでは「写本, 稿本」。

[3] **elaborate** 「凝った, 手の込んだ」

[4] **scribe** 「写字者, (印刷術発明前に写本を筆写した職業的な) 筆写者」

[4] **the Middle Ages** 「中世」。ヨーロッパ史では通例ローマ帝国の滅亡からイタリア・ルネッサンスまで (5 世紀末から 15 世紀頃まで) を指すが, 範囲はもっと広く取られる場合も狭く取られる場合もある。

[4] **highly** 「高度に, 極めて」

[4] **skilled** 「(…) に熟練した, 腕のいい」

[5] **art** 「芸術」「技法」など様々な意味のある語だが, ここでは「技術」。

[5] **just as …** 「ちょうど…のように, 正に…のように」

[7] **evolve** 「発展する, 進化する」

[7] **hasten** 「急いで…する」

[9] **argue** 「(理由などを示して)(事を) 主張する, 論ずる」

[9] **instead** 「その代わりに, むしろ」

[10] **aspiration** 「(…への) 強い願望, 向上心, 志向」

[11] **manifestation** 「現れ, 発露」

[11] **calligrapher** 「書家, 能書家」

[11] **proverbially** 「ことわざ風に, 決まり文句のように」

[12] **hand** 勿論「手」という意味の語だが,「筆跡, 書法」という意味もある。

[12] **represent** 「表現する, 表す」

[13] **piece** 「一片」だが「(絵画・彫刻・散文・韻文などの) 作品」という意味もある。

[13] **reveal** 「(今まで隠されていた物を) 現す, 示す, 見せる」

[14] **character** 「性格, 人格」

01   When you work on a piece of brush calligraphy, therefore, what matters is not only what you create but also how you create it. You need to give it your body and soul throughout the whole creative process. I still remember how the calligraphy teacher at

05   my high school placed great emphasis on the idea of *ki-myaku* [the flow of spiritual energy]. One of the instructions he always gave when we were practicing brush writing was: 'Once you have dipped your brush in ink and started writing a letter, don't dip it again until you finish it, no matter how much the brush dries up;

10   if you dip it in ink half way through, the flow of your spiritual energy will not penetrate the letter.'

NOTES

[1] **work** 「働く」意だが「せっせと励む，精を出す」という意味もある。

[2] **matter** 「重要である，問題である」

[2] **not only … but also 〜** 「…のみならず〜も」

[2] **create** 「作り出す，生み出す」

[3] **soul** 「（肉体に対して）精神，心，魂」

[3] **throughout** 「初めから終わりまで，〜を通して」

[5] **place** 「場所」の意もあるがここでは「据える，置く」の意。

[5] **emphasis** 「力点，強調点」

[6] **flow** 「流れ，ほとばしり」

[6] **instruction** 「指示，指導」

[7] **Once** 「ひとたび…したら」。「一回（だけ）」という意味の副詞として使われることの多い単語だが，ここでは接続詞として you have dipped your brush … 以下の節を導く。 ☞文法解説

[8] **dip** 「（液体に）ちょっと浸す，さっとつける」

[9] **no matter …** 「いかに…でも」

[10] **half** 「半分」が原義だが「不完全な，中途半端な」という意味で使うこともある。half way through は「やりかけているものの途中までで」。

[11] **penetrate** 「貫く，貫通する」

01   Bundo Shunkai, a monk who was a famous calligrapher, reminisces in his memoirs about how long it took him to fully understand his master's advice on the importance of concentration for creating a piece of calligraphy. When he was young, he

05   was commissioned to write a nine-letter epitaph that was to be inscribed on a huge memorial monument. It was such an important job that, every time he finished writing a draft, he brought it to his master, Nishikawa Shundo, asking for his advice. One cold winter morning, Master Nishikawa took a look at one of his drafts

10   and asked him how he had worked on it. When he answered that he had written it in a big room with 'a couple of braziers in the corners', his master just muttered, to his great disappointment,

NOTES

[1] **Bundo Shunkai**　豊道春海（1878-1970）。天台宗僧侶・書家。西川春洞（1847-1915）に書を学ぶ。戦後，書道教育の復興に尽力し，1967年に文化功労者となる。本文中の逸話は，1982年に栃木県立美術館で開かれた「東洋のこころ—豊道春海展」のカタログに収められた春海本人の随筆「私の履歴書」のなかに書かれている。

[1] **monk**　「僧」。キリスト教の修道士もキリスト教以外の宗教の修道僧も指せる語。

[2] **reminisce**　「回想する，追憶する」

[2] **memoir**　「回顧録，回想録」

[2] **fully**　「十分に，完全に」

[3] **importance**　「重要性，重大性，意義，価値」

[3] **concentration**　「精神［注意］の集中，専心，専念」

[5] **commission**　「…を委託する，依頼する，注文する」

[5] **epitaph**　「碑文，墓碑銘」

[5] **be to …**　「…することになっている」

[6] **inscribe**　「（石碑・金属板・紙などに）（語句・姓名などを）彫る，刻む」

[6] **huge**　「巨大な，（形・量などの点で）非常に大きい」

[6] **memorial**　「記念の，追悼の」

[6] **monument**　「（人・事件などの）記念建造物，記念碑」

[6-7] **such … that ～**　「余りにも…なので～」

[7] **draft**　「下書き，草稿，草案」

[7] **brought**　bring「持って行く，連れて行く」の過去形。

[8] **Nishikawa Shundo**　西川春洞（1847-1915）。明治～大正時代の書家。日下部鳴鶴と併称され，書道界に春洞流とよばれる一大勢力を形成，後進の指導に尽した。

[11] **brazier**　「（暖房用に石炭などの燃料を入れる）火鉢」

[12] **mutter**　「ぼそぼそ言う，つぶやく」

[12] **disappointment**　「落胆，失望」。to one's disappointment で「（誰々が）がっかりしたことには」の意。

01   'That's not good'. Shunkai had no idea what was wrong with the way he was working and, therefore, asked his master for further advice. His master replied, 'It is not advisable to warm yourself while working on such an important piece. You have to

05   concentrate on writing so much that you forget the cold and even start to sweat.' Finding his master's advice completely unrealistic, Shunkai tried to understand it as a metaphor intended to remind him of the proper attitude towards work.

NOTES

[1] **wrong** 「間違った，誤った，正しくない」

[2] **way** 「（…の）仕方，やり方」

[3] **further** 「更に一層の，更に進んだ」

[3] **reply** 「答える，返事をする」

[3] **advisable** 「望ましい，賢明な，適切な」

[6] **sweat** 「汗をかく，発汗する」

[6] **find** 「見つける」が原義だが「（経験によって）知る，気付く」の意味でも使う。

[6] **completely** 「全く，すっかり」

[6] **unrealistic** 「非現実的な」

[7] **intended** 「意図された，計画した」

[7-8] **remind 人 of ...** 「（人）に…を思い起こさせる，思い出させる」

[8] **proper** 「適切な，ふさわしい，当然そうあるべき」

[8] **attitude** 「（人・物に対する）態度，心構え，姿勢」

01   Forty-six years later, one occasion brought home to him the reality of that old piece of advice:

      I had the opportunity to demonstrate large-ideogram

05   calligraphy at the Tokyo Metropolitan Art Museum in the presence of Prince Takamatsu-no-miya and four princesses. The work was so large that I had to walk on the sheet with a huge brush, which was a totally new experience to me. For fear of failure, I made frantic efforts, and lo and behold,

10   found myself sweating all over and almost feeling dizzy in spite of the fact that it was the fifth day of January. I then realized Master had told me the truth. (…) I was seventy-two years old at the time.

15   Pursuing the Way of brush calligraphy is truly a lifelong process of learning through tackling the challenges you meet on blank sheets of paper.

NOTES

[1] **bring home** 「（人に）痛切に感じさせる，完全に理解させる」

[2] **reality** 「現実性，実体」

[4] **demonstrate** 「実演する，実地に説明する」

[4] **ideogram** 「表意文字」

[5] **Tokyo Metropolitan Art Museum** 「東京都美術館」

[5-6] **in the presence of ...** 「…の面前で，…の臨席の下に」

[9] **for fear of ...** 「…することを恐れて，…をしないように」

[9] **failure** 「失敗，仕損じ」

[9] **frantic** 「（人が）（恐怖・苦痛・心配・喜びなどで）気も狂わんばかりの」

[9] **effort** 「（肉体的・精神的な）努力，奮闘」

[9] **lo and behold** 「見よ，そら」

[10] **all over** 「体中，至るところに」

[10] **dizzy** 「めまいがする，くらくらする」

[10-11] **in spite of ...** 「…にもかかわらず，…をものともせずに」

[12] **realize** 「（はっきりと）理解する，実感する」

[15] **truly** 「本当に，実際に，全く」

[15] **lifelong** 「一生の，生涯にわたる」

[16] **tackle** 「（問題・仕事などに）取り組む」

[16] **challenge** 「（…が）受けて立つべきもの，挑戦」

[17] **blank** 「（紙などが）白紙の，何も書いていない」

MEMO

LESSON 4

復習1

構文

★分詞構文

現在分詞あるいは過去分詞を用いて，理由や付帯状況などを表す構文。

＊本文中で現在分詞が使われている例

・Having said that, we find it extremely difficult .... 【Lesson 1】

・Considering that even what is intuitively perceived as true cannot be put into
  a precise linguistic form, we have to conclude .... 【Lesson 1】

☆このような considering は，接続詞として扱われることも多い。

・... he brought it to his master, asking for his advice. 【Lesson 3】

・Finding his master's advice completely unrealistic, Shunkai tried to
  understand it as a metaphor .... 【Lesson 3】

＊本文中で過去分詞が使われている例

・Once given a linguistic form, ... this intuition instantly transforms itself into a
  logical paradox. 【Lesson 1】

練 習

＊次の英文を和訳してみましょう。

(a) Having heard the news, she screamed with joy.

(b) Stopped by the police, I could not get there in time.

＊次の日本語文を，（　）内の語を使って分詞構文で英訳してみましょう。

(1) 彼の忠告を聞き入れて，彼女はそこに行くのをやめた。(take)

(2) 先生に質問されたので，彼は本当のことを言わざるを得なかった。
(question)

★ once ...（節）

　あるまとまった文法的な機能を有する語の集まりで，主語と述語の関係
（S+V 構造）を含むものを「節」(clause)，その構造を持たないものを「句」
(phrase) という。ここでの Once は節を導く接続詞で「いったん…すると」
の意となる。

＊本文中で Once … が使われている例

・<u>Once</u> you have dipped your brush in ink and started writing a letter, don't dip it again until you finish it,.... 【Lesson 3】

練 習

＊次の英文を和訳してみましょう。

(a) Once you succeed, you will do better next time.

_____

(b) He never forgets the person's face once he meets somebody.

_____

＊次の日本語文を Once … を使って英訳してみましょう。

(1) 一旦型を学んだら，そこから離れても (break away) 構いません。

_____

(2) 一度それを聴いたら忘れられないでしょう。

_____

★間接話法，直接話法

> 　誰かが言った言葉を語り手の文法で間接的に伝える話法を「間接話法」，その言葉をそのまま引用符に入れて伝える話法を「直接話法」という。

＊本文中で間接話法が使われている例
・Master Nishikawa took a look at one of his drafts and <u>asked</u> him how he <u>had worked</u> on it.【Lesson 3】
・... he <u>answered</u> that he <u>had written</u> it in a big room with 'a couple of braziers in the corners'.【Lesson 3】

＊本文中で直接話法が使われている例
・His master just <u>muttered</u>, 'That<u>'s</u> not good'.【Lesson 3】
・His master <u>replied</u>, 'It <u>is</u> not advisable to warm yourself while working on such an important piece. You <u>have</u> to concentrate on writing so much that you forget the cold and even start to sweat.'【Lesson 3】

練 習
＊次の英文を和訳してみましょう。
(a) I swore that I would never do it again.

(b) "I will never do it again," I swore.

＊次の日本語文を間接話法と直接話法で英訳してみましょう。
(1) 彼は彼女にもう一度やれと言った。

(2) 彼女は「私にはできる！」と思った。

≪便利な表現≫
★ no matter how …　「どんなに…でも」

＊本文中で no matter how … が使われている例

・<u>No matter how different</u> these practices may appear …, they share the same philosophy.【Lesson 1】

・…, don't dip it again until you finish it, <u>no matter how much</u> the brush dries up.【Lesson 3】

練 習

＊次の英文を和訳してみましょう。

(a) I will buy it, no matter how expensive it is.

_____

(b) No matter how late it gets, I will finish my work today.

_____

＊次の日本語文を no matter … を使って英訳してみましょう。

(1) どんなに簡単でも，私は一生懸命練習する。

_____

★ in such a way that ... 「…であるようなやり方で」

＊本文中で in such a way that ... が使われている例

・... he or she may arrange the whole ceremony <u>in such a way that</u> it should narrate a plot of long-lasting blissful marriage.【Lesson 2】

練 習

＊次の英文を和訳してみましょう。

(a) He handled the utensil in such a way that it might break any day.

(b) She passed me the ball in such a way that it would be against the rule to hold it.

＊次の日本語文を in such a way that ... を使って英訳してみましょう。

(1) 誰にも真似 (imitate) できないようにその絵を描きなさい。

★ with... 「…を伴って (と共に，を使って)」, without ... 「…なしで」

＊本文中で with ... や without ... が使われている例

・<u>With</u> this hybrid approach to our elusive topic, the course will undertake the challenging task.... 【Lesson 1】

・<u>Without</u> understanding that philosophy, a hundred rounds of tea drinking, physical and aesthetic training, or sutra reading and meditation simply amount to a hundred isolated experiences. 【Lesson 1】

練 習

＊次の英文を和訳してみましょう。

(a) With this ring, I thee wed.

(b) Without music, life would be dull.

＊次の日本語文を英訳してみましょう。

(1) この技術を使って，彼らは世界を変えられる。

(2) その知識がなければ，彼女はあなたを理解できないだろう。

★ it ... to ～　の形で it が形式主語あるいは形式目的語となる場合

＊本文中で it が to 以下を指している例

・... we find <u>it</u> extremely difficult <u>to</u> fully comprehend what *dō* is. 【Lesson 1】

　→ ... we find <to fully comprehend what *dō* is> extremely difficult.

・On the guests' part, <u>it</u> is their responsibility <u>to</u> decipher those signs and

appreciate how careful the host/ess has been in planning for this occasion.
【Lesson 2】

→ On the guests' part, <to decipher those signs and appreciate how careful the host/ess has been in planning for this occasion> is their responsibility.

・<u>It</u> is thus possible <u>to</u> explain the 'contents' behind all the forms of *sadō*.
【Lesson 2】

→ <To explain the 'contents' behind all the forms of *sadō*> is thus possible.

☆ it ... for ⋯ to ～

・Okakura (Tenshin) Kakuzo ... notes ... how difficult <u>it</u> must be <u>for</u> foreigners <u>to</u> understand Japanese people's enthusiasm for it.... 【Lesson 2】

ここでは understand の主体が for によって導かれている。

Cf. <u>It</u> is difficult <u>for</u> foreigners <u>to</u> understand Japanese people's enthusiasm for it.

いわゆる「it-for-to の構文」で、この場合の It も形式主語。

練 習

＊次の英文を和訳してみましょう。

(a) It might be fun to go camping.

(b) It would be a challenge to pass the test.

＊次の日本語文を it ... to ～を使って英訳してみましょう。

(1) ペットを失うのは悲しい。

☆因みに上記の意味を動名詞を使って表現することも可能：Losing a pet is
sep sad.

| EXERCISE | 英語で表現してみましょう |

放送教材の中で出て来る英語表現を応用して，茶道について英語で説明し
てみましょう。

LESSON 5

武道／Martial Arts

01   Japanese martial arts, which were originally designed to provide samurai warriors with fighting skills, underwent various technical, ethical, and institutional reforms after the Meiji Restoration and were reorganized into the modern system of

05   *budō*. Uozumi Takashi (2016), in discussing this modernization, highlighted the achievements of three great martial artists, Yamaoka Tesshu, Kano Jigoro, and Awa Kenzo, and mentioned others, including Ueshiba Morihei, who were also influential in the process.

10   Yamaoka Tesshu was a master swordsman who played a crucial role in the Meiji Restoration, preventing an attack of the Imperial Army on the Edo Castle by arranging the negotiations that led to a bloodless capitulation of the Shogunate Army. It may

NOTES

[2] **warrior** 「武士，武人，軍人」。主に文語として使われることが多い。

[2] **underwent** undergo「経験する」の過去形。

[2] **various** 「様々の，幾つかの」

[3] **institutional** 「制度上の」

[3] **reform** 「改革，刷新」

[3-4] **Meiji Restoration** 「明治維新」。restoration は「（秩序・状態などの）回復」。

[4] **reorganize** 「再編成する，改組する」

[5] **Uozumi Takashi (2016)** 魚住孝至『道を極める—日本人の心の歴史』，放送大学教育振興会。

[5] **discuss** 「論ずる，検討する」

[6] **highlight** 「強調する」

[6] **achievement** 「業績，功績」

[6] **martial artist** 「武道家」

[7] **Yamaoka Tesshu** 山岡鉄舟（1836-1888）。幕末・明治の政治家・剣術家。一刀正伝無刀流剣術の開祖。

[7] **Kano Jigoro** 嘉納治五郎（1806-1938）。柔道家・教育家。講道館を創設，柔道の発達に貢献。

[7] **Awa Kenzo** 阿波研造（1880-1939）。弓術家。ヘリゲルの弓の師。

[7] **mention** 「…について言及する」

[8] **Ueshiba Morihei** 植芝盛平（1883-1969）。武道家。合気道の創始者。

[8] **influential** 「影響力の大きい」

[11] **crucial** 「極めて重大な，決定的な」

[11] **prevent** 「…の発生を妨げる，防ぐ」

[12] **Imperial Army** 「皇軍」。imperial は「天皇の」，army は「陸軍」を指す。

[12] **Edo Castle** 「江戸城」。castle は居城・砦・城郭のいずれを指す場合もある。

[12] **negotiation** 「（取引・協定での条件の）交渉」

[13] **bloodless** 「無血の，流血のない」

[13] **capitulation** 「降伏」

[13] **Shogunate** 「幕府」

01   seem strange that a swordsman should resolve conflict bloodlessly, but this historic event symbolizes Tesshu's idea of swordsmanship. Tesshu was born and trained to be a samurai, but he also practiced Zen, through which he came to believe in the possibility of using

05   the samurai discipline for peacemaking, and founded 'the school of no sword'.

Kano Jigoro studied techniques of various *jujutsu* schools and created a new martial art, which he named 'judo' and promoted as a system of physical and mental training. We are so familiar with

10   judo as an international sport and the image of Kano as a promoter of the Olympics that we tend to assume that he was the person who put judo in the Olympics. According to John Stevens (2013), however, 'Kano did not lobby for judo to be included in the 1940 Tokyo games'.

NOTES

[1] **resolve** 「解決する」
[1] **conflict** 「戦い，争い」
[2] **symbolize** 「…を象徴する」
[5] **peacemaking** 「和解，仲裁」
[5] **school** 「（学問・芸術の）派，流派，学派」
[8] **promote** 「進展させる，振興する」
[9-12] **We are … in the Olympics.** ☞構文解説
[9-11] **so … that ～** 「余りにも…なので～」
[11] **tend to …** 「…しがちである，…する傾向にある」
[11] **assume** 「推定する，…が（…であると）決めてかかる」
[12] **John Stevens (2013)** *The Way of Judo: A Portrait of Jigoro Kano and His Students*, Boston: Shambhala.
[13] **lobby** 「議案の通過運動をする」
[13] **include** 「…を（全体の中の部分・要素などとして）含む」

62

01 On the contrary, he was reluctant to have judo put on the program because "judo is not a sport. It is an art. It is a science. It is a way of life."

05 Kano was also interested in Ueshiba Morihei's aikido and had some of his disciples learn it. Ueshiba was reported to have said '*budō* is not a set of skills but a way of life', and Kano might have found in aikido the spirit he had tried to embody in judo.

Awa Kenzo is internationally renowned as the kyudo master
10 who trained Eugen Herrigel, the author of *Zen in the Art of Archery*. The most famous part of the book concerns the episode in which Awa demonstrated 'the shot of nonattachment'. One day, Herrigel, disappointed by his slow progress, expressed some doubt as to Awa's idea of hitting the target without aiming at it. Awa
15 summoned him to the dojo that evening and told him to put a lit incense stick right in front of the target. Herrigel walked across the dark ground to the target, did as he had been told, and walked back to his master. Then, Awa shot two arrows in succession and told him to see what had happened. Herrigel again walked to the

NOTES

[1] **on the contrary**　「それどころか，これに反して」

[1] **reluctant**　「気の進まない，嫌がっている」

[1] **have** + 〈名詞〉+〈動詞の原形〉　「（名詞）を…させる」

[5] **interested**　「（…に）興味をもっている，関心がある」

[6] **disciple**　「門人，弟子」

[6-7] **Ueshiba was reported to have said …**　☞文法解説

[8] **spirit**　「精神，心構え，気構え」

[8] **embody**　「（思想・感情など）を（…で）具体化する，（制度・作品・言葉・行動などが）体現・具現する」

[9] **renowned**　「有名な，名高い」

[10] **Eugen Herrigel**　オイゲン・ヘリゲル（1884-1955）。ドイツの哲学者。1924 年に東北帝国大学講師として来日して 1929 年まで滞在し，弓道修業をとおして禅を研究した。『日本の弓術』(1936)，『弓と禅』(1948) などの著作で日本文化を紹介した。

[12] **the shot of nonattachment**　「無心の射」。阿波は技巧的な的中を強く否定し，「射裡見性」を提唱・指導し続けた。

[13] **disappointed**　「落胆した，失望した」

[13] **progress**　「進歩，上達」

[13] **doubt**　「（…に関する）疑念，疑問」

[14] **target**　「標的，的」

[14] **aim**　「（銃・矢・ロケットなどを）（…に）向ける，照準を定める」

[15] **summon**　「呼び出す，呼びつける」

[15] **lit**　「火のつけられた」

[16] **incense**　「線香」

[16] **right**　様々な意味のある語だが，ここでは「丁度，きっかり」の意。

[18] **arrow**　「矢」

[18] **succession**　「連続」

01   target and was dumbfounded to find the first arrow stuck right in the centre of the bull's-eye, splintered by the second arrow.

The Master surveyed them critically. "The first shot", he then
05   said, "was no great feat, you will think, because after all these years I am so familiar with my target-stand that I must know even in pitch darkness where the target is. (…) But the second arrow which hit the first—what do you make of that? I at any rate know that it is not "I" who must be given credit
10   for this shot. "It" shot and "It" made the hit. Let us bow to the goal as before the Buddha!" (Eugen Herrigel, *Zen in the Art of Archery*, 1948, translated from the German by R. F. C. Hull and published in 1953)

15   Swordsmanship with no sword, *budō* as a way of life, and the shot of nonattachment. These are typical paradoxes that recur in *budō* teachings. They defy logical thinking, just like Zen paradoxes, and all you have to do to understand them is simply practice *budō*.

[1] **dumbfound** 「…を（物も言えないほど）びっくりさせる」。多くの場合過去分詞形で形容詞のように使う。

[1] **stuck** stick「（先のとがった物を）（…に）突き刺す」の過去形・過去分詞形（ここでは過去分詞形）。

[2] **bull's-eye** 「（射撃・弓術の）標的の中心円，黒点」

[2] **splinter** 「裂く，割る」

[4] **critically** 「注意深く，精密に」

[4] **shot** 「（火器・弓などの）（…に向けての）発射，射撃」

[5] **feat** 「偉業，妙技」

[6] **familiar** 「（人が）（…を）よく知っている，熟知している」

[6] **stand** 「（物を載せたり支えたりする）台，…立て，…置き，…掛け」。しばしば複合語で用いられる。

[7] **pitch dark** 「真っ暗な，真っ暗闇の」。pitch はコールタール（真っ黒な物質）を指す。darkness は dark の名詞形。

[8] **make of …** 「（…を）…と理解する，…と考える」

[9] **at any rate** 「とにかく，いずれにしても，少なくとも」

[9] **give credit** 「（人・物）を褒める」

[10] **bow** 「お辞儀をする」。同綴で「弓」という意味の語と「船首」という意味の語がある。ただし，前者（「弓」）は発音が違うので注意すること。

[16] **recur** 「繰り返される」

[17] **teaching** 「教訓，教義，教旨」

[17] **defy** 「（物事が）…を拒む，不可能にする」

66

MEMO

LESSON 6

仏道／The Way of Buddha

01   Buddhist monks pursue the Way of Buddha by practicing
many different types of training according to the sects they belong
to. Some monks practice Zazen [sitting in the lotus position];
others chant prayers to Amitabha. The 'marathon monks' of
05   Mount Hiei literally run through the mountains to worship every
little thing in nature with potential Buddhahood. I cannot imagine
how hard their training is but, on the other hand, have always
wondered whether monks and ordinary worshippers are doing
totally different things; whether the Buddhist truth is scarcely to
10   be perceived by lay people, much less by nonbelievers.

NOTES

[2] **different** 「別個の，それぞれに異なる」

[2] **type** 「類型，タイプ」

[2] **according to …** 「…に応じて，…次第で」

[2] **sect** 「教派，宗派」

[3] **lotus position** 「蓮華坐，結跏趺坐」（左足を右のもも，右足を左のももの
　上に置いて足を組み合わせて坐る標準的座法。lotus はハスのこと。）

[4] **chant** 「（聖歌・詩歌）を詠唱する」

[4] **prayer** 「（定式化された）祈りの文句，祈祷文」

[4] **Amitabha** 「阿弥陀仏」

[4] **marathon monk** 　千日回峰行を行っている僧侶を指す。

[6] **potential** 「潜在的な，（未発達だが将来十分）可能性を有する」

[6] **Buddhahood** 「仏性，仏陀としての境地」

[7] **on the other hand** 「他方，また一方では，別の見方をすれば」

[8] **wonder** 「（…を）不思議に思う，思い巡らす」

[8] **whether** 「…かどうか」

[8] **ordinary** 「普通の，通例の」

[8] **worshipper** 「礼拝者，参拝者」

[9] **totally** 「完全に，まったく」

[9] **scarcely** 「ほとんど…ない」

[10] **lay** 「（聖職者と区別して）平信徒の，俗人の」。同綴の語が幾つもある
　ので要注意。

[10] **much less …** 「まして」。否定的な語句のあとに用いて，さらに妥当性が
　低いことを表す。

[10] **nonbeliever** 「無信仰な人，信じない人」

01   When I was studying English literature in the United States, an American professor in charge of international students asked me, 'Do you practice Zen every day?' I don't know how he came up with that question; he might have read one or two of Daisetz T. *05* Suzuki's books on Zen and thought he would test his knowledge on a student from Japan. I was totally puzzled by the question: do we practice Zen every day? First of all, what does it mean to 'practice' Zen every day? My family religion is Buddhism of the Soto sect, one of the traditional Zen sects, and some of my family *10* members worship at the household altar every morning, but does this mean we 'practice' Zen? At an utter loss what to say, I simply answered, 'Yes and no', without any follow-up comments, leaving the professor to look puzzled, in his turn, at my unplanned Zen-paradox-like answer.

[1] **English literature** 「英文学」。著者はインディアナ大学英文科で修士課程を修了している。

[2] **in charge of ...** 「…を担当している，…の係の」

[3-4] **come up with ...** 「…を考え出す，思い付く」

[4-5] **Daisetz T. Suzuki** 鈴木大拙（1870-1966）。明治－昭和時代の仏教学者。帝国大学に学び，鎌倉円覚寺で参禅。数次にわたって欧米に渡り，英語で仏教や禅を紹介。英文雑誌 *Eastern Buddhist* 創刊。著書に『禅と日本文化』など。

[6] **puzzled** 「途方に暮れた，困惑した」

[7] **first of all** 「まず第一に，何よりも」

[9] **traditional** 「伝統的な，従来の」

[10] **worship** 「礼拝する，拝む」

[10] **household** 「家庭用の，家庭で使われる」

[10] **altar** 「（教会・寺院・神殿などの）祭壇，供物台」

[11] **utter** 「完全な，全くの」

[11] **at a loss** 「途方に暮れて，困って，当惑して」

[12] **follow-up** 「続いて行う，引き続いての」

[12] **leave** 「（場所を）去る」が原義だが「（人・物を）見捨てる」意でも使う。ここでは，leave ... to ～で，「…を～のままにしておく」の意。

[13] **in ～'s turn** 「～の番になって，今度は～が」。turn は「回る」が原義だが「順番」という意味でも使う。

[13] **unplanned** 「意図されたものではない，意外な」

[14] **-like** 「…のような，…の特徴をもつ」

01   Do we practice Zen every day in Japan? I still don't have a satisfactory answer. My quick answer would be 'Yes and no' again. But now I think I can explain more fully in what way it is yes and in what way no.

05   I will begin with some follow-up comments on my negative answer, which will apply to most Japanese, including me. Firstly, Zen Buddhism is just one of the Buddhist sects in Japan, though, to be sure, among the biggest. Therefore, in that sense, not all Japanese people practice Zen every day. Secondly, even

10   if your family religion, like mine, is Zen Buddhism, it does not necessarily mean that you practice Zen every day. Most Japanese people whose family religion is Zen Buddhism are lay believers, or perhaps syncretistic believers in many religions. Thirdly, even among the devout, most are not Zen monks, and therefore do not

15   practice Zen training the way they do.

NOTES

[2] **satisfactory** 「満足のいく，思い通りの」

[2] **quick** 「素早い，迅速な」

[3] **way** 「(…の) 点，箇所，事柄」

[5] **negative** 「否定の，否定的な」。ここでは "yes and no" という答えのうち "no" の方を指す。

[6] **apply** 「(事・物が) (人・事・物に) 当てはまる，適合する」

[6] **including** 「…を含めて」

[7] **firstly** 「まず第一に」

[8] **to be sure** 「確かに，もちろん」

[8] **among** 「(ある数・種類・仲間の) 中で」

[8] **sense** 「(行動・発言などの) 真義，意味」

[9-10] **even if …** 「たとえ…でも」

[11] **necessarily** 「[否定語を伴って] 必ずしも…ない」

[13] **syncretistic** 「諸派統合主義の，習合主義の」。syncretism で「哲学・宗教などで異質の又は相反する原理・慣例・集団を綴り合せる主義」の意。

[14] **devout** 「敬虔な，信仰心のあつい」。the devout で「信心深い人たち，信者」の意になる。

[15] **the way they do** ここでの they は Zen monks を言い換えたもの。the way … の用い方については，文法解説を参照。

01   What, then, are the follow-up comments on my affirmative answer? Firstly, among lay believers in Zen Buddhism, there are many pious believers who not only worship at the altars every day but also practice Zazen every day, though not for such a long

05   time as Zen monks do. Secondly, and more importantly, with the fundamental requirement of Zen being to concentrate on what you are doing, anybody can practice it in the broad sense of the word.

NOTES

[1] **affirmative** 「肯定的な，是認する」。ここでは "yes and no" という答えの
うち "yes" の方を指す。

[3] **pious** 「（人が）信心深い，敬虔な」

[5] **importantly** 「重要な点で，重要なことに」。more や most と一緒に使われ
て「更に（最も）重要なこととして」という意味を表すことが多い。

[6] **fundamental** 「根本的な，根源的な」

[6] **requirement** 「（…に）要求されること，要件」

[7] **broad** 「大まかな，広い」

01   The importance of concentration in Zen training seems to be implied in Dogen's famous paradox:

To study the Way of Buddha is to study thyself;
05   To study thyself is to forget thyself;
To forget thyself is to prove thyself consistent with the Universal Law....

(*Shobogenzo*, the Book of Genjokoan; my translation)

10   I am not quite sure if I understand the original passage, much less if my translation captures what it really means. It will take me long years of intensive Buddhist training to understand it, which after all I cannot afford, considering my age. Nevertheless, by concentrating on every moment of my daily work to the extent of
15   self-oblivion, I truly hope that I may one day catch a glimpse of this Buddhist truth.

NOTES

[2] **Dogen** 道元（1200-1253）。鎌倉前期の禅僧。日本曹洞宗の開祖。その仏法の基盤は「自己に本来そなわっている仏法も，修行によって初めて現れ成就するものだ」という確信にあった。『正法眼蔵』95 巻など膨大な著作がある。

[4] **thyself** 「汝自身」

[4-7] **To study the Way of Buddha ...** 『正法眼蔵』1 巻「仏道をならふといふは自己をならふなり。自己をならふといふは自己をわするゝなり。自己をわするゝといふは，万法に証せらるゝなり。万法に証せらるゝといふは，自己の身心をよび他己の身心をして脱落せしむるなり」が原文。

[6] **consistent** 「一致する，調和する」

[8] **translation** 「翻訳」

[12] **intensive** 「徹底的な，集中的な」

[13] **afford** 「(物を) 受け入れるだけの余裕［資力・時間など］がある」

[13] **nevertheless** 「それでもやはり，とは言っても」

[14] **daily** 「毎日の，日常の」

[14] **to the extent of ...** 「…という（程度に）まで，（…する）ことまでに」

[15] **self-oblivion** 「自己忘却」。oblivion は「無意識の状態，忘れること，忘却」。

[15] **catch a glimpse of ...** 「…をちらりと見る」。glimpse は「一見，一瞥」の意。

MEMO

LESSON 7

復習2

構 文

★関係詞

> 文中の名詞を限定したり，そこに補足説明を加える節を導いたりする語。
> 関係代名詞，関係副詞，関係形容詞に分類される。また，制限用法と
> 非制限用法がある。

☆先行詞（関係詞が指しているもの）を考えることが重要。

＊本文中で関係代名詞が使われている例（波線は先行詞）

・Yamaoka Tesshu was a master swordsman who played a crucial role in the Meiji Restoration, ...【Lesson 5】

・... preventing an attack of the Imperial Army on the Edo Castle by arranging the negotiations that led to a bloodless capitulation of the Shogunate Army.【Lesson 5】

・Kano Jigoro ... created a new martial art, which he named 'judo' and promoted as a system of physical and mental training.【Lesson 5】

・... we tend to assume that he was the person who put judo in the Olympics.【Lesson 5】

・Awa Kenzo is internationally renowned as the kyudo master who trained Eugen Herrigel, ...【Lesson 5】

・Most Japanese people <u>whose</u> family religion is Zen Buddhism are lay believers, or perhaps syncretistic belivers in many religions. 【Lesson 6】

・... there are many <u>pious believers</u> <u>who</u> not only worship at the altars every day but also practice Zazen every day, ... 【Lesson 6】

・Everything the host/ess does in a ceremony should be motivated by an earnest desire to entertain <u>the guests</u>, <u>whom</u> it may not be possible to see again. 【Lesson 2】

・Bundo Shunkai, <u>a monk</u> <u>who</u> was a famous calligrapher, reminisces in his memoirs about .... 【Lesson 3】

＊本文中で関係副詞が使われている例

・I don't know <u>how</u> he came up with that question. 【Lesson 6】〈先行詞は the way だが明示されていない〉

・... let's enjoy to the full <u>this precious moment</u> <u>where</u> we have been so fortunate as to gather together. 【Lesson 2】〈where は場合を表す時にも使う〉

・Master Nishikawa ... asked him <u>how</u> he had worked on it. 【Lesson 3】〈先行詞は the way だが明示されていない〉

Cf. 本部中で関係形容詞が使われている例はないが，典型的な例として次のようなものがある。

・I gave him <u>what</u> little money I had.

○制限用法，非制限用法

　関係詞が先行詞たる名詞の意味内容を制限する用法を「制限用法」，その意味内容を制限することなく，そこに補足説明を加える用法を「非制限用法」という。その違いを明確に示す例文としては，次のようなものがある。

＊制限用法

She has two children who live in Tokyo.

「彼には東京に住んでいる子供が 2 人いる」の意で, who live in Tokyo の関
係節が children の意味を限定している。ほかのところに住んでいる子供があ
と何人いるかは不明。

＊非制限用法

He has two children, who live in Tokyo.

「彼には 2 人の子供がいて，その 2 人は東京に住んでいる」の意で，関係節
は children に関する補足説明となっている。彼の子供は 2 人。

☆非制限用法の場合，関係詞の前にコンマを打ってひと呼吸置くことが多い
が，コンマのあるなしで 2 つの用法を厳密に分けることはできない。

○疑問詞，関係詞，接続詞の区別

＊疑問詞

<u>Who</u> is she?〈疑問代名詞〉

<u>When</u> did you call her?〈疑問副詞〉

<u>Where</u> did you call her?〈疑問副詞〉

<u>Why</u> did you call her?〈疑問副詞〉

<u>How</u> did you bring her here?〈疑問副詞〉

＊関係詞

She is the girl <u>who</u> works at the bank.〈関係代名詞，省略不可〉

  (<u>She</u> is the girl. <u>She</u> works at the bank.)

I called her the day <u>when</u> I was fired.〈関係副詞，省略可〉

  (I called her <u>that day</u>. I was fired <u>that day</u>.)

I called her at the bar <u>where</u> I was having a drink.〈関係副詞，省略しないのが普通〉

(I called her <u>at the bar</u>. I was having a drink <u>at the bar</u>.)

The reason <u>why</u> I called her was because I was lonely.〈関係副詞，省略可〉

(<u>The reason</u> was because/that I was lonely. I called her for <u>this reason</u>.)

This is <u>how</u> I brought her here.〈関係副詞，省略不可〉

(This is <u>the way</u>. I brought her here <u>this way</u>.)

＊接続詞（副詞節を導く）

We call each other <u>when</u> we are happy.

We now live <u>where</u> you lived.

We will live <u>how</u> we please.

○「～のもの」という意味の what

＊本文中で使われている例

・*Dō* sometimes transcends <u>what</u> is normally practiced under its name....【Lesson 1】

・<u>What</u> is suggested here is that 'Teaism' is not just about drinking tea.【Lesson 2】

・..., therefore, <u>what</u> matters is not only what you create but also how you create it.【Lesson 3】

○これまでに出て来た本文中に出て来る that の区別：指示代名詞？指示形容詞？副詞？関係代名詞？接続詞？

＊指示代名詞

・What do you make of **that**?【Lesson 5】

84

＊指示形容詞

・Awa summoned him to the dojo **that** evening .... 【Lesson 5】

・I don't know how he came up with **that** question; .... 【Lesson 6】

・... in **that** sense, not all Japanese people practice Zen .... 【Lesson 6】

＊関係代名詞

・... the negotiations **that** led to a bloodless capitulation.... 【Lesson 5】〈再掲〉

・These are typical paradoxes **that** recur in *budō* teachings. 【Lesson 5】

＊接続詞

・It may seem strange **that** a swordsman should resolve conflict bloodlessly, ... 【Lesson 5】

・We are so familiar with the image of Kano as a promoter of the Olympics **that** we tend to assume **that** he was the person who put judo in the Olympics. 【Lesson 5】〈so ... that ～の構文については後述〉

・... I am so familiar with my target-stand **that** I must know ... where the target is. 【Lesson 5】

・... I know **that** it is not "I" who must be given credit for this shot. 【Lesson 5】

・... it does not necessarily mean **that** you practice Zen every day. 【Lesson 6】

・... I truly hope **that** I may one day catch a glimpse of this Buddhist truth. 【Lesson 6】

練 習

＊次の英文を和訳してみましょう。

(a) Agatha was the one who rescued the boy.

(b) This is the book which became the best seller last year.

＊次の日本語文を英訳してみましょう。

(1) この女の子がエミリーと一緒に住んでいる子です。

★視点と時制の関係

> 　語り手が出来事をどこから語っているかを「視点」(point of view) とい
> い，その語り手から見た出来事の時系列的な関係は「時制」(tense) によっ
> て表現される。

＊本文中に出て来た視点と時制の関係

・Ueshiba <u>was reported to have said</u> '*budō* is not a set of skills but a way of life'.
　【Lesson 5】

"was reported" の部分は過去形 (受身形)

"to have said" の部分は〈to ＋時間のずれを表現する助動詞 have ＋過去分
詞 (to 不定詞については Lesson 13 で扱う)〉。

ここでは，語り手が語っている現在から見て，伝えられたことがすでに過去，
その時点よりさらに前に植芝が上記の台詞を発したという時間的な関係が表
現されている。

86

練習

＊次の英文を和訳してみましょう。

(a) The story was said to have been told by an old woman.

(b) Virginia was believed to have written the article.

＊次の日本語文を英訳してみましょう。

(1) ジェーンはその知らせを読んだことを期待されていた。

★ to be …, be to …

> to be … は to ＋ be 動詞の原形だが，いろいろな構文のなかで用いられる。
> be to … は「…することになっている」という意味。to の後のは動詞の原形。
> 単語が入れ替わっただけでまったく違った意味になるので注意が必要。

＊本文中で to be … が使われている例

・Kano did not lobby for judo <u>to be</u> included in the 1940 Tokyo games.
 【Lesson 5】

☆ lobby to … は「…するように（議員などに）働きかける」の意で，ここで
 は be included の意味上の主語が for に導かれている judo ということになる。

・... the Buddhist truth is scarcely <u>to be</u> perceived by lay people, ...【Lesson 6】

☆ここでは，可能の意味を表す is (be) to のあとが受動態になっている形。可能の意味の be to のあとには受動態が来ることが多い。ほかにも，be to は「…することになっている，…するはずの」などの意味がある。

・Tesshu was born and trained <u>to be</u> a samurai, ...【Lesson 5】

☆ここでの to ... は目的を表す to +不定詞の形。

＊本文中で be to ... が使われている例

・When he was young, he was commissioned to write a nice-letter epitaph that <u>was to</u> be inscribed on a huge memorial monument.【Lesson 3】

・whether the Buddhist truth <u>is</u> scarcely <u>to</u> be perceived by lay people, much less by nonbelievers.【Lesson 6】

練 習

＊次の英文を和訳してみましょう。

(a) The rule is to be obeyed by everyone.

(b) Charlotte wanted to be a novelist.

＊次の日本語文を to be ... を使って英訳してみましょう。

(1) その会合には住民全員 (all residents) が参加しなければならない。

88

《便利な表現》

★ so ... that 〜, such ... that 〜   「とても…なので〜」

＊本文中で使われている例

・We are <u>so</u> familiar with judo as an international sport and the image of Kano as a promoter of the Olympics <u>that</u> we tend to assume .... 【Lesson 5】

・I am <u>so</u> familiar with my target-stand <u>that</u> I must know ... where the target is. 【Lesson 5】

・The work was <u>so</u> large <u>that</u> I had to walk on the sheet .... 【Lesson 3】

・It was <u>such</u> an important job <u>that</u>, ..., he brought it to his master.... 【Lesson 3】

練 習

＊次の英文を和訳してみましょう。

(a) It was so cold that morning that Willa did not want to get out of bed.

(b) Beatrix missed her sister so much that he cried every night.

＊次の日本語文を英訳してみましょう。

(1) スープがとても熱かったので私は舌をやけどしてしまった。(so ... that 〜 を使って)

(2) その課題はとても難しかったので私はそれを終えるのを諦めてしまった。
（so ... that 〜 及び such ... that 〜 の両方の形で）

★ **the way ... 「〜のようなやり方で」**

＊本文中で使われている例

・... most are not Zen monks, and therefore do not practice Zen training <u>the way</u>
  they do. 【Lesson 6】

・Shunkai had no idea what was wrong with <u>the way</u> he was working....
  【Lesson 3】

☆上記いずれの例でも the way の次にいきなり節が続くが, the way in which
や the way that として節が導かれる場合もある。

練 習

＊次の英文を和訳してみましょう。

(a) That is not the way you make tea.

(b) That is the way the work should be done.

＊次の日本語文を the way ... を使って英訳してみましょう。
(1) 私はメアリーの歌い方が好きではない。

★ much less ...「ましてや…でない」

＊本文中で使われている例
・... the Buddhist truth is scarcely to be perceived by lay people, <u>much less</u> by nonbelievers.【Lesson 6】
・I am not quite sure if I understand the original passage, <u>much less</u> if my translation captures what it really means.【Lesson 6】

練 習
＊次の英文を和訳してみましょう。
(a) You are not interested in music, much less in playing an instrument.

(b) I cannot read Korean, much less write it.

＊次の日本語文を much less ... を使って英訳してみましょう。
(1) アイリスは車の運転ができない，ましてやトラックの運転など無理だ。

★部分否定の not

＊本文中に出て来た例

・... <u>not all</u> Japanese people practice Zen every day.【Lesson 6】

練 習

＊次の英文を和訳してみましょう。

(a) Not all parents participated in the activity.

(b) Not many members were allowed to get in.

＊次の日本語文を英訳してみましょう。

(1) アメリカ人全員が牛肉を食べるわけではない。

(2) 少なからずのファンがそのニュースにショックを受けた。

EXERCISE 　英語で表現してみましょう

放送教材の中で出て来る英語表現を応用して，武道と仏道の関係について英語で説明してみましょう。

MEMO

LESSON 8

形の重視／Formalism

01   I heard three Englishmen use the same English adjective on three different occasions in relation to Japanese culture: 'formal'. The first occasion was a meeting of the Rotary Club in Nottingham in 1991. I was invited as its guest speaker and

05   talked about how my experiences in the United States as a Rotary scholarship student had broadened my views on cross-cultural issues. At the question-and-answer session, a young gentleman raised his hand and asked me if I, as 'a visitor from a country with so many formal codes of behaviour', had ever felt insulted in

10   Britain. I had never expected such a question from someone born and bred in Britain, a country which seemed to me to equally appreciate formalities. I vaguely remember answering awkwardly that it had not been the case with me.

NOTES

[1] **adjective** 「形容詞」

[2] **in relation to ...** 「…に関して，…について」

[3] **formal** *Oxford Dictionary of English* に書かれている定義を訳すと「慣習や
エチケットに沿って」「公式又は重要な機会に適切なように」「公的に認め
られて」「内面とは区別された外見に関して」などの意味がある。

[3] **Rotary Club** 「ロータリークラブ」。1905 年にシカゴで創設された社会奉
仕・親善を目的とする実業人・専門職業人の国際的団体。

[4] **Nottingham** 「ノッティンガム」。イングランド中部の都市。ロビン・フッ
ド伝説の地で，大学・劇場など学術・文化施設も多い。著者はノッティン
ガム大学で博士号を取得している。

[6] **scholarship** 「奨学金，給費」

[6] **broaden** 「広くする，広げる」

[6] **cross-cultural** 「異文化間の，比較文化の」

[7] **issue** 「論点，問題（点）」

[8] **raise** 「（身体の一部などを）上げる，持ち上げる」

[9] **insult** 「侮辱する，…に無礼を働く」

[10] **expect** 「（出来事・事態を）予期する，予想する」。しばしば「期待する」
という訳語が用いられるが，expect されるのは良いものとは限らない。

[10-11] **born and bred** 「生まれも育ちも，生粋の」。born は bear「生む」の過
去分詞形，bred は breed「（人を）育て上げる」の過去形・過去分詞形（こ
こでは過去分詞形）。

[11] **equally** 「同じ程度に，同様に」

[12] **appreciate** 「（人・物の）（価値を）高く評価する，大いに尊重する」

[12] **vaguely** 「ぼんやりと，曖昧に」

[12] **awkwardly** 「ぎこちなく，きまりわるそうに」

[13] **case** 「（個々の具体的な）事例，場合，事実」

01   The second occasion was an interview I had in 2002 with the head teacher of a British high school during a filming trip we made to collect language materials for the Open University of Japan programme 'Cultural Crossroads'. After discussing for some time *05* the merits and demerits of the educational reforms of the Thatcher years, he spoke, at my request, about some of his impressions of the Japanese educational system. 'I would say education in Japan is more formal than in England,' he said, 'putting more emphasis on school uniforms, rules and discipline.' This answer was as *10* much of an eye-opener to me as the young Rotarian's question.

NOTES

[2] **head teacher** 「校長」。Head は「頭」が原義だが「(地位・身分・階層などが)第一位の，首位の」という意味でも使う。

[2] **filming trip** 「撮影旅行」。放送大学の授業番組の収録ロケを指している。trip は「旅」。

[3] **collect** 「集める，収集する」

[3] **material** 「材料，素材」

[4] **programme** 「番組」。放送大学の授業番組を指す。

[4] **Cultural Crossroads** 放送大学で 2003 年度から 2006 年度まで開講していた授業番組「英語 IV('03)」の英文科目名。

[5] **merit** 「長所，取り柄」

[5] **demerit** 「短所，欠点」

[5-6] **the educational reforms of the Thatcher years** サッチャー政権の下でイギリスでは大幅な教育改革が行われ，全国カリキュラムの策定及び全国学力試験の実施や入学定員の自由化と生徒数に応じた予算配分などが実行された。

[6] **at ～'s request** 「～の依頼[要請]によって」

[6] **impression** 「(…に対する)印象，感想」

[7] **I would say …** 「…ではないでしょうか」。主張を和らげたり，丁寧な言い方をしたい時に使う。

[9] **school uniform** 「学校の制服」

[9] **discipline** 「規律正しさ，統制」

[10] **eye-opener** 「はたと目を開かせるもの，目を見張らせるもの」

01   The third occasion is related to our topic here. During the same filming trip, we visited the president of the British Tea Association and filmed his talk about how English afternoon tea started and developed, how we should enjoy afternoon tea, and, *05* finally, what the greatest difference between the Japanese tea ceremony and English afternoon tea might be. He had spent some years in Japan and had participated in tea ceremonies a couple of times. According to his assessment of the two different tea cultures, English afternoon tea focuses more on the enjoyment *10* of drinking tea itself, whereas a Japanese tea ceremony is a more 'formal' occasion where participants also enjoy looking at beautiful kimonos, teabowls, and crockery.

NOTES

[2] **president** 「会長」

[3] **talk** 「話，談話」

[3] **English afternoon tea** 午後に紅茶と軽食（キュウリのサンドイッチ，ジャムとホイップクリームをつけたスコーン，小さなケーキなどが伝統的）を食べる。元はイギリス上流階級の習慣だが，今では庶民の間にも広まっている。

[4] **develop** 「発達する，発展する」

[5] **finally** 「最後に，終わりに当たって」

[5] **difference** 「（…との間の）違い，差異，相違点」

[6] **spent** spend「過ごす，暮らす」の過去形・過去分詞形（ここでは過去分詞形）。

[7] **participate** 「（…に）参加する，加わる」

[8] **assessment** 「（人・物などの）評価」

[9] **focus** 「（注意・関心などを）（…に）集中させる」

[10] **whereas** 「［比較・対照］…だが一方，…であるのに」

[11] **participant** 「参加者」

[12] **crockery** 「瀬戸物，陶器」

01   These three comments are probably just the tip of the iceberg. Many people who have not lived in Japan, or have lived in Japan only briefly and are looking at Japanese culture mostly from the outside, may find many of its various aspects merely 'formal'. That

05   is because they do not understand what lies behind those forms and formalities that abound in Japanese culture, of which *dō* is one of the most important components.

    Forms and formalities quite often function in Japanese culture as words and phrases do in language. They have meanings of their

10   own and can be combined with others to create new meanings. In order to understand and create those meanings, you need only learn the code—the grammar, as it were—of formalism that governs smaller rules of conduct and nonverbal communication.

NOTES

[1] **the tip of the iceberg** 「氷山の一角」。tip は「先端, 頂点」, iceberg は「氷山」
の意。

[3] **briefly** 「暫くの間, 短時間」

[4] **outside** 「外側, 外面」

[4] **aspect** 「(問題・事態などの) 局面, 様相」

[4] **merely** 「ただ, 単に」

[5] **lie behind ...** 「…の背後にある」。lie は「横たわる」が原義だが, 位置を
表す副詞を伴って「(ある場所に) ある, (利益・困難・選択の道などが)
存在する」という意味でも使う。

[6] **formality** 「形式的であること, 堅苦しさ」

[6] **abound** 「沢山ある, 富む」

[6] **of which** ☞文法解説

[7] **component** 「構成要素, 成分」

[8] **quite** 「かなり, 非常に, とても」

[8] **function** 「役目を果たす, 機能する」

[9] **phrase** 文法用語としては (「節」に対して)「句」を指すが, 一般用語と
しては「語句」や「言葉遣い」の意味で使われる。

[9] **meaning** 「意味」

[10] **combine** 「(…と) 組み合わせる, 結びつける」

[11] **in order to ...** 「…するために」

[12] **grammar** 「文法」

[12] **as it were** 「言わば, 言ってみれば」

[13] **govern** 「(原則・法則などが) …を律する, 支配する」

01   What is tricky about *dō* formalism is that it manifests itself differently from discipline to discipline. Some forms and formalities may be understood in the same way across *dō* disciplines—bowing as an expression of respect, for example—

05   but many others—bowl-turning in the tea ceremony, etiquette at the martial art *dōjō*, the manners of Zen sitting—are more discipline-specific. Their variations, however, are just like dialects of one and the same language. If you practice any of the *dō* arts and disciplines and internalize its formalism, you will be able

10   to understand the forms and formalities of others, not in terms of their exact meaning, perhaps, but as rich expressions of the philosophy of *dō*.

NOTES

[1] **tricky** 「(問題・仕事などが) こつの要る，落とし穴のある，厄介な」

[1] **manifest** 「明示する，はっきり示す」

[3] **across** 「…を横切って」が原義だが「端から端まで，全域に渡って」の意味でも使う。

[4] **bowing** 「お辞儀をすること，会釈」

[5] **etiquette** 「礼儀作法，礼法」

[6] **manner** 「(…の) 仕方，やり方」

[7] **–specific** 「あるものに特有の」

[7] **variation** 「違い，差異」

[7] **dialect** 「方言」

[8] **one and the same** 「同一の」

[10-11] **in terms of ...** 「…に関して，…の点から見て」

[11] **exact** 「正確な，厳密な」

[11] **perhaps** 「たぶん，…かもしれない」

[11] **rich** 「豊かな，(人生・歴史・経験などが) 中身の充実した」

104

MEMO

LESSON 9

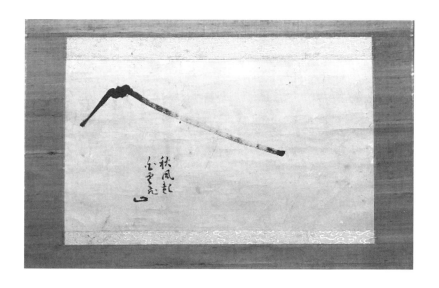

象徴性／Symbolism

01   In Lesson 8, I suggested that *dō* formalism is very much like linguistic communication. Let me expand on this suggestion and explain, with the help of the terminology of structural linguistics, how *dō* forms function as signs in much the same way as letters 05 and sounds do in language.

        Ferdinand de Saussure, the founder of structural linguistics, set up several binary oppositions to explain how language works and how linguistics can elucidate it. Among them the most helpful for our present discussion is the opposition between *signifiant* 10 (signifier) and *signifié* (signified). In his theory of signification the

[2] **expand** 「拡張する」が原義だが，派生して「更に詳しく述べる，補足して詳述する」という意味もある。

[3] **terminology** 「（ある学問分野の）述語，学術用語」

[3] **structural linguistics** 「構造（主義）言語学」。言語は（バラバラな成分の寄せ集めではなく）一定の構造を成していると考え，その構造を明らかにしようとする言語学。

[6] **Ferdinand de Saussure** フェルディナン・ド・ソシュール（1857-1913）。スイスの言語学者。構造主義言語学の祖。言語を「ラング」（言語の体系）と「パロール」（個人が行う発話）に分け，言語学は前者を対象とすべきものであることを説くと共に，共時言語学と通時言語学との区別を重視した。ジュネーブ大学での講義を死後に弟子がまとめた『一般言語学講義』が有名。

[6] **founder** 「創設者，創始者」

[7] **set up** 「（説・考えなどを）持ち出す，提案する」。ここで set は過去形（set-set-set）。

[7] **several** 「幾つかの，数個の」

[7] **binary opposition** 「二項対立」。有声・無声のように，片方がもっている特徴（弁別的素性）がもう片方にはないような2つのものの関係を指す。binary は「2つの」，opposition は「対立」の意。

[7] **work** ここでは「機能する，作動する」の意。

[8] **elucidate** 「解明する，説明する」

[9] **present** 「現在の，現行の」

[9] **discussion** 「議論，討議」

[9-10] *signifiant* (**signifier**) 「能記，記号表現，シニフィアン」と訳される。ある対象を指示する記号として使われる言葉を指す。signifier は字義どおりには「意味を表すもの」ということ。

[10] *signifié* (**signified**) 「所記，記号内容，シニフィエ」と訳される。ある言語的な記号によって指示された対象を指す。signified は字義どおりには「意味されたもの」ということ。

[10] **signification** 「意味（作用）」

01   word 'horse' is a sign that signifies the real animal we know by

the name. In this relationship between the sign and the real horse

the former is a *signifiant* and the latter is a *signifié*. Saussure goes

on to argue that the relationship between *signifiant* and *signifié* is

05   arbitrary; that is to say, that there is no inevitable reason why that

particular animal should be referred to by that particular name.

Why not 'cat' or 'dog'?

NOTES

[1] **sign** 「記号」
[1] **signify** 「表す」
[2] **relationship** 「関係，関連」
[3] **the former** 「（二者のうち）先に述べた，前者の」
[3-4] **go on** 「話を続ける，続けて…する」
[5] **arbitrary** 「恣意的な，任意の」
[5] **that is to say** 「つまり，即ち，より正確に言うと」。that is だけでも使う。
[5] **inevitable** 「必然的な，不可避の」
[5] **reason** 「理由，わけ」
[7] **Why not 'cat' or 'dog'?** 「なぜ『ねこ』や『いぬ』ではダメなのか？」。

＊〈シニフィアンとシニフィエの結びつきが恣意的である〉ということは，〈ある特定の対象を指すために使われている言葉がその対象を指さなければならない必然的な理由はない〉ということである。現在日本語で「うま」という語で言及されている動物（蹄のある長い脚が4本ある，首が長い，たてがみがある，走るのが早い，などの特徴を持った動物）を「うま」という語で指さなければいけない必然的な理由はなく，「ねこ」という語で指しても「いぬ」という語で指しても構わないはずである。そうしないのは現在の日本語では「ねこ」や「いぬ」が慣例的に別の動物を指すからである。

01   Language is basically a network of signs arbitrarily created

by human beings for communicating whatever they like. However,

as Saussure himself admits, there are words, such as onomatopoeic

ones, which are closely connected to our perception of reality;

05   cows go 'moo', sheep go 'baa-baa', and not the other way round,

because 'moo' and 'baa-baa' are what these animals respectively

sound like to English users. This is also the case with nonlinguistic

signs and signals, of which some seem to be arbitrary and others

more deeply rooted in our cognition of the world. Japanese

10   weather symbols, in which a circle stands for 'sunny weather', and

a double circle for 'cloudiness', seem to be much more arbitrary

[1] **basically** 「基本的には，本質的には」
[1] **arbitrarily** 「恣意的に，任意に」
[2] **human being** 「（動物に対して）人間，人」
[2] **whatever** 「どんな…でも，いかなる…でも」
[2] **however** 「しかしながら，とはいえ」
[3] **admit** 「（…を）認める，自認する」
[3] **onomatopoeic** 「オノマトペの，擬音語・擬声語の」。onomatopoeia は辞書では「擬音語・擬声語」とされることが多いが，現在の言語学では擬音語と擬態語を併せて「オノマトペ」と称することも多い。
[4] **closely** 「密接に，密に」
[4] **connected** 「関連した，関係のある」
[4] **perception** 「（五感・知性による）知覚，認知，理解」
[5] **go** 勿論「行く」が原義だが「（動作・心構えなどを）する，振舞う」という意味もある。
[5] **moo** 「モー」。牛の鳴き声を表す言い方。
[5] **baa-baa** 「メーメー」。羊の鳴き声を表す言い方。
[5] **the other way round** 「（方向・関係が）あべこべに，逆に」
[6] **respectively** 「それぞれ，各々」
[7] **nonlinguistic** 「言語以外の，非言語的な」
[9] **deeply** 「深く」
[9] **rooted** 「根付いた，深くしみ込んだ」
[9] **cognition** 「認識，認知」
[10] **weather** 「天気，天候」
[10] **circle** 「円，丸」
[10] **stand for ...** 「（略語などが）…を表す，意味する」
[10] **sunny** 「日が照る，晴れ渡った」
[11] **double** 「二重の」
[11] **cloudiness** 「曇り，曇天」

01 than the traffic lights, the colours of which we normally associate

with things and phenomena in nature posing varying degrees of

danger: red with fire or blood, yellow with poison or disease, and

green with trees and plants.

05   *Dō* symbolism can also be explained in terms of the

opposition between *signifiant* and *signifié*, although *dō* symbols,

signs, and forms are closely connected, no matter how arbitrarily

NOTES

[1] **traffic light** 「交通信号」。light の原義は「光」。
[1] **the colours of which** ☞文法解説
[1] **normally** 「一般に，通常」
[1] **associate** 「…を（…と）結びつける，関連づける，連想する」
[2] **phenomena** phenomenon「現象，事象」の複数形。
[2] **pose** 「提起する，（人・事が）（危険などを）（…に）引き起こす」
[2] **varying** 「様々な，いろいろな」
[2] **degree** 「（強さ，両などの）度合い，程度」
[3] **danger** 「危険，危機」
[3] **blood** 「血，血液」
[3] **poison** 「毒，毒物」
[4] **plant** 「植物，草木」
[5] **symbolism** 「記号・符号による表示，象徴的表現」
[6] **although** 「…ではあるが，…だが」
[6] **symbol** 「象徴，表象，シンボル」

01   chosen they seem to be, to what they are supposed to mean in the whole structure of Japanese culture. Some of them are universally recognizable, and others are not. For example, bowing will be understood all over the world as an act of lowering yourself to

05   show respect to whomever you are bowing to. But what about the custom of placing a folded fan sideways on the tatami mat when bowing at certain *dō* ceremonies? Foreigners are unlikely to understand it unless they are familiar with the notion of *kekkai* (the bounds of a sacred place) prevalent in Japanese culture.

NOTES

[1] **chosen** 「選ばれた」
[1] **be supposed to …** 「…することになっている」
[2] **whole** 「全体の，全部の」
[2] **structure** 「構造，組み立て」
[2] **universally** 「一般的に，普遍的に」
[3] **recognizable** 「認識できる，見てそれと分かる」
[4] **lower** 「下げる，低くする」
[5] **whomever …** 「…する人は誰にも」
[6] **custom** 「慣習，しきたり」
[6] **folded** 「折り畳まれた」
[6] **fan** 「扇子，扇」
[6] **sideways** 「横向きに」
[7] **certain** 「ある，とある」
[7] **unlikely** 「うまくいきそうもない，しそうもない」
[8] **unless** 「…という場合を除いては，…でない限り」
[8] **notion** 「概念，観念」
[9] **bounds** 「境界，境界線」
[9] **sacred** 「神聖な，聖なる」
[9] **prevalent** 「一般に行きわたっている，広く認められている」

Sacred places will be easily recognized if they are enclosed with walls or fences, but in Japan they are often marked with straw festoons, individual stones bound by palm cords, or bamboo sticks placed sideways on stones. As an extension of this custom,

05 Japanese people use many small things as *signifiants*—one being a folded fan—to signify a temporary line of demarcation (*signifié*) between their target of worship or respect and themselves. Placing a folded fan when bowing is another way of saying, 'I respect you so much that I humbly refrain from stepping into the sacred area

10 where you are seated.'

NOTES

[1] **enclose**　「…を囲む，(垣・壁などで)囲う」。受身形で用いられることが多い。
[2] **wall**　「(建物・部屋などの) 壁」
[2] **fence**　「柵，垣根，囲い」
[2] **mark**　「…に印をつける，記号をつける」
[3] **straw**　「わら」
[3] **festoon**　「花綱」
[3] **individual**　ここでは「単一の，一個の」の意。
[3] **stone**　「石」。rock より小さいものを指す。
[3] **bound**　bind「巻きつける，結わえる」の過去形・過去分詞形（ここでは過去分詞形）。
[3] **palm**　「ヤシ，シュロ」
[3] **cord**　「紐，細なわ」。string より太く rope より細いものを指す。
[3] **bamboo**　「竹」
[4] **stick**　「(切り取った) 木の枝」を指す場合も「木材」を指す場合もある。
[4] **extension**　「拡張」。「伸ばすこと」が原義。
[6] **temporary**　「一時の，仮の」
[6] **demarcation**　「分界，境界」
[7] **target of worship or respect**　「崇拝又は尊敬の対象，相手」。target は worship と request の両方の行為が向かう先。
[9] **humbly**　「謙遜して，へりくだって」
[9] **area**　「(空間・表面の) 範囲，部分」
[10] **seat**　「座席」という意味の名詞もあるが，ここでは「着席させる，座らせる」という意の動詞。受身形で用いられることが多い。

01   There are many other *dō* symbols, signs, and forms, including colours, flowers, and Buddhist mudras (hand gestures), each of which communicates or symbolizes a special value or set of values. All you need to do to understand the way *dō* semiotics

05   works is to practice as many *dō* activities as possible, and the more you understand the symbolic system of *dō*, the more you will be able to enjoy the *dō* activities in turn.

NOTES

[2] **mudra** 「印相，印契」

[3] **a set of ...** 「一揃いの…，一式の」

[4] **semiotics** 原義は「記号論，記号学」であり，言語や文化現象などを記号
体系とみなしてその構造や機能を研究する理論を指すが，ここでは記号表
現や象徴という意味合いで使われている。

[5] **activity** 「活動」

[7] **in turn** 「今度は，引き続いて」

MEMO

LESSON 10

復習3

構 文

★条件文

> 接続詞の if を用いて「もし…ならば〜だろう」という具合に，かならずし
> も現実と矛盾しない条件を挙げて，その帰結を推測する文。

☆あとの章で解説する仮定法過去と仮定法過去完了があるなら仮定法現在
があってもよさそうなものだが，現代英語では，動詞の原形を用いる仮定法
現在は特定の慣用表現以外で用いられることはほとんどない。

*本文中に出て来た条件文

・<u>If</u> you practice any of the *dō* arts and disciplines and internalize its formalism, you <u>will be able</u> to understand the forms and formalities of others, ... 【Lesson 8】

・Sacred places will be easily recognized <u>if</u> they <u>are enclosed</u> with walls or fences, ... 【Lesson 9】

・<u>If</u> you raise this question, tea masters <u>will tell</u> you that the act of bowl-turning is an expression of modesty and humility. 【Lesson 2】

・<u>If</u> you dip it in ink ..., the flow of your spiritual energy <u>will not penetrate</u> the letter. 【Lesson 3】

・... even <u>if</u> your family religion ... <u>is</u> Zen Buddhism, it does not necessarily mean that you practice Zen every day.【Lesson 6】

練 習

＊次の英文を和訳してみましょう。

(a) If William quits, Catherine will, too.

(b) I will take a taxi if I have to go home.

＊次の日本語文を英訳してみましょう。

(1) もし明日雨が降ったら，私達は公園には行かない。

---

(2) 電車を使わなければ，ハリーはそこに着けない。

★ of which ..., 〜 of which ..., in which ..., from which ..., through which...

関係代名詞の前に前置詞がついてはじめて先行詞と関係節がつながる形。

124

＊本文中で出てきた例

・... they do not understand what lies behind those forms and formalities that abound in Japanese culture, <u>of which</u> *dō* is one of the most important components.【Lesson 8】

☆... they do not understand what lies behind those forms and formalities that abound in Japanese culture と *Dō* is one of the most important components of Japanese culture という2つの文が，Japanese culture をつなぎ目として結びついたと考えるとわかりやすい。which の先行詞は Japanese culture なので，その前に of が必要となる。

・This is also the case with nonlinguistic signs and signals, <u>of which</u> some seem to be arbitrary and others more deeply rooted in our cognition of the world.【Lesson 9】

☆which の先行詞は nonlinguistic signs and signals で, of の前に来るのは which の次の some である。of which を「そのうちの」と訳し，そのうちの some が，と考えるとわかりやすい。

・There are many other *dō* symbols, signs, and forms, including colours, flowers, and Buddhist mudras (hand gestures), <u>each of which</u> communicates or symbolizes a special value or set of values.【Lesson 9】

☆ここでは前置詞のまえにさらに each がついている。which の先行詞は many other *dō* symbols, signs, and forms, including colours, flowers, and Buddhist mudras (hand gestures) で，そのそれぞれが，と次に続いていく。

・Japanese weather symbols, <u>in which</u> a circle stands for 'sunny weather', and a double circle for 'cloudiness', seem to be much more arbitrary than the traffic lights, <u>the colours of which</u> we normally associate with things and phenomena in nature ....【Lesson 9】

☆ここでも in which を「そこでは」という具合に訳して考えると，次とのつ

ながりがわかる。また、the clours of which の which の先行詞は the traffic lights で、その色を、と次に続く。

・The most famous part of the book concerns the episode <u>in which</u> Awa demonstrated 'the shot of nonattachment'. 【Lesson 5】

☆ここも上記の in which と同様に考えるとよい。

・The scribes of the Middle Ages were highly skilled in this art, just as old Chinese scribes were in the art of Chinese brush calligraphy, <u>from which</u> the 'Way' of Japanese calligraphy evolved. 【Lesson 3】

☆which の先行詞は the art of Chinese brush calligraphy で、from which「そこから」日本の書道が進化した、と考えるとよい。

・Tesshu ... practiced Zen, <u>through which</u> he came to believe in the possibility of using the samurai discipline for peacemaking. 【Lesson 5】

☆ここでも through which は「禅を通じて」の意となり、そこから鉄舟は、とつながる。

練 習

＊次の英文を和訳してみましょう。

(a) The activity in which Megan participates is famous.

(b) The plate, each of which was signed by Elizabeth, is sold at the store.

(c) The country from which Charles came is unknown.

(d) The plane, on which Margaret was to board yesterday, got cancelled.

＊次の日本語文を英訳してみましょう。

(1) フィリップが所属している（belongs to）団体は結構大きい。

_____

(2) これがみんなが合意した論点だった。

_____

★ being

> be 動詞の ing 形。現在分詞の場合と動名詞の場合がある。

＊本文中で 現在分詞の being が使われている例

・Japanese people use many small things as *signifiants*—one being a folded fan—to signify a temporary line of demarcation .... 【Lesson 9】

☆ここの being は現在分詞。分詞構文のなかで使われている。ただし，being の主語は主節の主語たる Japanese people と一致せず，many small things の一つという意味の one である。このように主節の主語とは別に独立した主語を持つ分詞構文を「独立分詞構文」という。

＊本文中で動名詞の being が使われている例

・..., this time it implies the possibility of the statement being true.【Lesson 1】

〈being は the statement が true であるということを表す。〉

ただし，次のように現在分詞と動名詞のいずれとも解釈できる場合もある。

・..., with the fundamental requirement of Zen <u>being</u> to concentrate on what you are doing, anybody can practice it .... 【Lesson 6】

☆この場合, being は with の目的語たる動名詞とも解釈できるし, with ... を理由を表す付帯状況の表現と考えると現在分詞とも解釈できる。このように, 構文によって現在分詞と動名詞が必ずしも明確に区別できない場合もあり, 最近の文法書では, 現在分詞と動名詞を区別せず, いずれも ing 形として説明する場合がある。

練 習

＊次の英文を和訳してみましょう。

(a) Edward being the oldest, George was relieved of the duty.

_____

(b) Being a good girl was not easy for Ann.

_____

＊次の日本語文を英訳してみましょう。

(1) 時間が遅かったので, 彼らはパーティーを抜けることにした。

_____

(2) ジェームスは怠けている (lazy) のが好きだ。

_____

《便利な表現》

★ as ... as ～ 「～のように…」〈…は形容詞もしくは副詞〉

＊本文中で as ... as ～が使われている例

・This answer was <u>as</u> much of an eye-opener to me <u>as</u> the young Rotarian's question. 【Lesson 8】

・All you need to do ... is to practice <u>as</u> many *dō* activities <u>as</u> possible. 【Lesson 9】

・... one is to let language go <u>as</u> far <u>as</u> it can, providing <u>as</u> faithful a map of experience <u>as</u> possible; .... 【Lesson 1】

・... we will try to be <u>as</u> logical <u>as</u> possible .... 【Lesson 1】

・... the guests should ... recognize <u>as</u> many <u>as</u> possible of the cultural signs .... 【Lesson 2】

・Students are advised simply to concentrate on practicing those forms <u>as</u> properly and beautifully <u>as</u> possible until they internalize the values they signify: .... 【Lesson 2】

＊区別する必要があるもの（as の後が名詞—as は「～として」の意味の前置詞）

・Let me ... explain ... how *dō* forms function <u>as</u> signs in much the same way <u>as</u> letters and sounds do in language. 【Lesson 9】

☆2つ目の as は「～のように」の意味を表す接続詞。

練 習

＊次の英文を和訳してみましょう。

(a) Robert came home as soon as he heard the news.

(b) David is always as cool as a cucumber.

＊次の日本語文を を使って英訳してみましょう。

(1) リチャードはできる限り早く歩いた。

★ the more ..., the more 〜 「…すればするほど〜」

＊本文中で the more ..., the more 〜 が使われている例

・... the more you understand the symbolic system of *dō*, the more you will be able to enjoy the *dō* activities in turn.【Lesson 9】

練 習

＊次の英文を和訳してみましょう。

(a) The more I read, the more confused I became.

(b) The more James tried, the better he got.

＊次の日本語文を英訳してみましょう。

(1) 勉強すればするほど，理解できるようになった。

★ ...ever 「…は何でも」

＊本文中で ...ever が使われている例

・Language is basically a network of signs arbitrarily created by human beings for communicating <u>whatever</u> they like. 【Lesson 9】

・... bowing will be understood ... as an act of lowering yourself to show respect to <u>whomever</u> you are bowing to. 【Lesson 9】

練 習

＊次の英文を和訳してみましょう。

(a) The situation will be bad, whichever the way you look at it.

(b) However hard Diana tried, she was not be able to win the race.

＊次の日本語文を英訳してみましょう。

(1) 何が起こっても泣くな。

| EXERCISE > **英語で表現してみましょう**

放送教材の中で出て来る英語表現を応用して，型の意味や重要性について英語で説明してみましょう。

MEMO

LESSON 11

物語性／Narrativity

01   *Dō* is as difficult to explain as life or love is. You can experience them in your own way but cannot provide any purely logical explanation of them, much less state the absolute truth of what they are. Therefore, if you are to describe *dō*, the description

05   must inevitably take the form of metaphor, allegory, or (most typically) narrative, that is, a form of communication which is open to interpretation.

We have already read two pieces of *dō* narrative: Herrigel's description of his master's 'shot of nonattachment' and Bundo

10   Shunkai's story about demonstrating large-ideogram calligraphy while sweating profusely in winter. The former cannot simply be boiled down to the axiom that you should not aim at the target in kyudo, nor the latter to the advice that you should concentrate so hard when practicing brush calligraphy that you sweat even in

15   winter. We have to read these two accounts carefully and think about what they really mean with the help of our own *dō* experiences.

NOTES

[2] **purely** 「全く，完全に」

[3] **state** 「（はっきり詳しく）述べる，明言する」

[4] **description** 「説明，記述」

[5] **inevitably** 「必然的に，不可避的に」

[5] **allegory** 最も狭義には「寓喩，風喩」を指すが，「寓意物語（寓話，たとえ話）」を指す時にも使う語。

[6] **typically** 「典型的に」

[7] **interpretation** 「解釈」

[11] **profusely** 「むやみに，過度に」

[12] **boil down to ...** 「…と要約する」。boil は煮ること。

[12] **axiom** 「自明の理，原理，原則」

[15] **account** 「話，物語」

[15] **carefully** 「注意深く，慎重に」

[16] **really** 「実際には，本当は」

01   Buddhist discourse abounds in narratives. In explaining the

relationship between Zen and swordsmanship, Daisetz T. Suzuki

(1988: 136) quotes a famous dialogue between Bodhidharma and

the Emperor Wu:

05

When Bodhidharma saw the Emperor Wu of the Liang

dynasty, the Emperor asked, "What is the holy ultimate

truth?" Dharma answered, "It is Emptiness itself and there

is nothing holy." "Who then is the one who at present stands

10   confronting me?" "I do not know (*fushiki, pu-shih*)!"

This dialogue has been used as a practice problem for Zen

training, and this alone suggests that there is no end to the ways in

which it can be interpreted.

15   Let us read another interesting story narrated by Okakura

Tenshin in *The Book of Tea*:

... [T]here is a story of Rikiu which well illustrates the

ideas of cleanliness entertained by the tea-masters. Rikiu

NOTES

[1] **discourse** 「講話，説教」

[2] **Daisetz T. Suzuki** (1988) *Zen and Japanese Culture*, Tokyo: Charles E. Tuttle Company.

[3] **Bodhidharma** 「菩提達磨」。達磨大師のこと。中国禅宗の始祖。

[4] **Emperor Wu** 武帝（464-549）。南梁の初代皇帝。

[6-7] **Liang dynasty** 中国史の中で梁と呼ばれる王朝は2つあるが，ここでは南北朝時代の南朝の1つ（502-557）を指す。

[7] **holy** 「神聖な，聖なる」

[8] **Dharma** 上記 Bodhidharma のこと。

[8] **emptiness** 「空(くう)」

[8-9] **It is Emptiness itself and there is nothing holy.** 「廓然無聖(かくねん むしょう)（カラリとして，聖なるものなど何もない）」

[10] **confront** 「対面する，向かい合う」

[10] **I do not know (*fushiki, pu-shih*)!** 「不識(ふしき)（そんな事は知らない）」

[12] **dialogue** 「対話，問答」

[12] **problem** 「（解決・議論すべき）問題，課題」

[13] **alone** 「…だけで，…のみで」

[14] **interpret** 「…の意味を読み取る，解する，解釈する」

[15] **interesting** 「興味深い，関心を引き起こす」

[18] **Rikiu** 千利休（1522-1591）。桃山時代の茶人。侘茶の大成者。織田信長・豊臣秀吉に仕え，天下一の茶頭(さどう)の地位を築いたが，秀吉の命で自刃。

[18] **illustrate** 「（物・事が）…の例示となる，…の例証となる」

[19] **entertain** 「（感情・意見・計画・希望などを）心に抱く，考慮する」

01   was watching his son Shoan as he swept and watered the garden path. "Not clean enough," said Rikiu, when Shoan had finished his task, and bade him try again. After a weary hour the son turned to Rikiu: "Father, there is nothing more 05   to be done. The steps have been washed for the third time, the stone lanterns and the trees are well sprinkled with water, moss and lichens are shining with a fresh verdure; not a twig, not a leaf have I left on the ground." "Young fool," chided the tea-master, "that is not the way a garden path should be 10   swept." Saying this, Rikiu stepped into the garden, shook a tree and scattered over the garden gold and crimson leaves, scraps of the brocade of autumn!

NOTES

[1] **Shoan**　千少庵（1546-1614）。千利休の後妻の連れ子で利休の娘婿。千宗旦の父。千家二世として利休死後の千家を再興すると共に，傑出した佗び茶人としての宗旦を育成，千家茶道の完成に貢献。

[1] **swept**　sweep「掃く」の過去形・過去分詞形（ここでは過去形）。

[1] **water**　ここでは「水を撒く」という動詞。

[2] **path**　「小道，細道」

[2] **enough**　「十分に，（…に）必要なだけ」

[3] **bade**　bid「（人に）（…するように）命令する，指図する」の過去形。

[3] **weary**　「（肉体的・精神的に）疲れ切った，（…で）へとへとになった」

[4] **turn to …**　「（援助・情報などを求めて）…に頼る」

[5] **steps**　ここでは「（屋外の一続きの）階段，段々」の意。

[6] **lantern**　「灯ろう」

[6] **sprinkle**　「振りかける，撒く」

[7] **moss**　「苔」

[7] **lichen**　「地衣類」

[7] **shine**　「輝く」

[7] **verdure**　「緑」（詩語）

[7] **not a …**　「１つの…もない」

[7] **twig**　「小枝，細枝」

[8] **leaf**　「（草木の）葉」

[8] **fool**　「ばか者，愚か者，たわけ」

[8] **chide**　「たしなめる，叱る」

[10] **step**　「歩む，歩を進める，（特に短距離を）歩く」

[10] **shook**　shake「（力を込めて）揺り動かす，揺する」の過去形。

[11] **scatter**　「ばらまく，撒き散らす」

[11] **crimson**　「深紅色の，紫がかった濃赤色の」

[12] **scrap**　「小片，切れ端」

[12] **brocade**　「錦，金襴」

01   Tenshin sums up this narrative by arguing that '[w]hat Rikiu demanded was not cleanliness alone, but the beautiful and the natural also', but this summary is no more than one of the possible interpretations of this episode. If this were its only 'correct'

05 interpretation, the trinity of cleanliness, beauty, and nature would be written into the Golden Rule of *sadō*. After all, if Rikiu had expected Shoan to scatter leaves onto the garden path from the beginning, why didn't he tell his son to do so before leaving him for so long with the task of tidying up the garden? Perhaps Rikiu

10 expected Shoan to learn the aesthetics of the tea ceremony not by logic but through physical experiences, which, of course, is my interpretation.

    The narrative selections we have read might have helped some of you to catch a glimpse of *dō* philosophy. However, in

15 *dō* arts and disciplines, practice always precedes understanding, and *dō* narrative remains a sealed book to outsiders. After you have gone through substantial *dō* training, it suddenly opens up to reveal many precious clues to the meaning of what you pursue.

NOTES

[1] **sum** 「…を要約する，かいつまんで言う」

[2] **demand** 「（人に）要求する」

[3] **summary** 「要約，概要」

[3] **no more than …** 「ただの…に過ぎない」

[3] **possible** 「可能性がある，あり得る」

[4] **correct** 「正しい，間違いのない」

[5] **trinity** 「三つ組」。元はキリスト教の「三位一体（唯一の神に父・子・精霊の三位格があること）」を表す語。

[6] **Golden Rule** 「行動規範，指導原理」。元はキリスト教の「黄金律（キリスト教の教えの要とされてきた行動規範 "Do unto others as you would have them unto you."）」を指す語。

[6-7] **if Rikiu had expected Shoan to …** ☞文法解説

[9] **tidy** 「（部屋・食卓・物などを）片づける」

[11] **logic** 「論理，理屈」

[15] **precede** 「…に先行する，先立つ」

[16] **remain** 「…のままである，相変わらず…である」

[16] **sealed book** 「神秘，なぞ」。sealed は「封印した」が原義だが「（内容不可解の書のように）不知の」という意味でも使われる。

[17] **go through** 「…を経験する，（段階を）経る」

[17] **suddenly** 「突然，急に」

[17] **open up** 「打ち開く，（視界に）（景色などが）開けてくる，（視界が）（開けて）現れてくる」

[18] **clue** 「（問題・神秘を解く）手がかり，きっかけ」

MEMO

LESSON 12

逆説／Paradox

01   A paradox is 'an apparently self-contradictory (even absurd) statement which, on closer inspection, is found to contain a truth reconciling the conflicting opposites' (Cuddon, 1976). One example Cuddon gives is the paradox implied in the Christian faith that 'the world will be saved by failure'. Buddhism also has
05   many paradoxes. One famous example is the opening statement in Section 3 of *Tan'nisho* written by Yuien, a monk of the Jodo Shinshu sect of Buddhism: 'If the good should go to Paradise, much more the bad.' Another is the passage I quoted in Lesson
10   6 of this textbook, from *Shobogenzo* by Dogen, the founder of Soto Zen. The Rinzai sect of Zen Buddhism famously uses Zen paradoxes [*koans*] ('What is the sound of one-hand clapping?'; 'Does a dog have Buddha nature?'; 'What was your original Face before your parents were born?') to gauge and facilitate the
15   progress of monks' training.

NOTES

[1] **self-contradictory** 「自己矛盾の，自己撞着の」

[1] **absurd** 「道理に合わない，不合理な」

[2] **close** 「近い」が原義だが「（調査・注意・観察などが）綿密な，細かい」という意味でも使われる。

[2] **inspection** 「点検，調査」

[2] **contain** 「（内容や部分として）もつ，入っている」

[3] **reconcile** 「矛盾のないようにする，両立させる」

[3] **opposite** 「反対の物［事］」

[3] **J. A. Cuddon** (1976) *A Dictionary of Literary Terms*, Garden City: Doubleday & Company, Inc.

[5] **faith** 「信頼，信用」が原義だが，ここでは「（神・教理などへの）信仰，信心」。

[5] **save** 「（危険などから）救う，救助する，助ける」

[7] *Tan'nisho* 『歎異抄』。親鸞の語録。弟子である唯円の編とされる。冒頭の「善人猶以て往生を遂ぐ，況んや悪人をや」は，逆説的な命題として有名。

[7] **Yuien** 河和田の唯円。鎌倉中期の浄土真宗の僧。親鸞によって最も重んじられたとされる。

[8] **paradise** 「天国，極楽」

[11] **Rinzai sect** 「臨済宗」

[12] *koans* 「公案」に複数形の s を付けた形。

[12] **clapping** 「拍手」

[14] **gauge** 「（物の寸法・数量・容量などを）正確に測る，測定する」

[14] **facilitate** 「（行動・過程などを）促進する」

01   *Of Human Bondage* (1915), a great Bildungsroman by
Somerset Maugham, has a paradox as its main theme. The
protagonist, Philip Carey, handicapped by a clubfoot and
orphaned at an early age, grows up to experience various kinds of
05   hardships, always trying in vain to find the meaning of life. While
studying painting in Paris, he meets a poet named Cronshaw, who
mysteriously tells him that the Persian carpets in the museum in
Cluny will help him understand the meaning of life. Cronshaw
later sends him a small piece of a Persian rug. One day, Philip
10   visits the British Museum and suddenly solves the mystery:

NOTES

[1] *Of Human Bondage* 『人間の絆』。サマセット・モームによる半自伝的小説にして代表作。1934 年にはジョン・クロムウェル監督によって映画化もされた。

[1] **Bildungsroman** 「教養小説（主人公の人間的成長を扱った小説）」

[2] **Somerset Maugham** ウィリアム・サマセット・モーム（1874-1965）。パリ生まれのイギリス人小説家・劇作家。第一次世界大戦時は医師並びに諜報部員として従軍。生涯に亘って吃音にはコンプレックスを抱いていたという。『ランベスのライザ』,『月と六ペンス』,『お菓子とビール』なども有名。

[2] **theme** 「テーマ，主題」

[3] **protagonist** 「主人公，主役」

[3] **handicapped** 「障がいのある」

[3] **clubfoot** 「内反足，湾曲足」

[4] **orphan** 「（子供を）孤児にする」。名詞の orphan は「孤児，両親のいない子」だが，ここは動詞の過去分詞形。

[4-5] **grows up to …, trying in vain to …** ☞文法解説

[5] **hardship** 「苦労，辛苦」

[5] **in vain** 「効果なく，無駄で」

[6] **painting** 「絵画」

[6] **poet** 「詩人」

[7] **mysteriously** 「神秘的に，意味ありげに」

[7] **Persian** 「ペルシャの」

[7] **carpet** 「じゅうたん，カーペット」

[8] **Cluny** 「クリュニー」。フランスにある都市。ベネディクト派修道院がある。

[9] **send** 「（人に）（物・言葉などを）送る」

[9] **rug** 「じゅうたん，（床の一部に敷く）敷物」

[10] **the British Museum** 「大英博物館」。ロンドンにある 1753 年創立のイギリス最大の国立博物館。

[10] **solve** 「（難事・問題などを）解決する，解く，解明する」

[10] **mystery** 「秘密，謎」

01   Thinking of Cronshaw, Philip remembered the Persian

rug which he had given him, telling him that it offered an

answer to his question upon the meaning of life; and suddenly

the answer occurred to him: he chuckled: now that he had it,

05   it was like one of the puzzles which you worry over till you

are shown the solution and then cannot imagine how it could

ever have escaped you. The answer was obvious. Life had no

meaning. (Ch. CVI)

10   Living one's own life is just like weaving a carpet, whose

pattern, no matter how beautiful it is, has no meaning at all, in and

of itself. Relieved from the struggle to find the meaning of his life,

Philip feels truly happy. This 'philosophy of a Persian rug' is quite

often misunderstood as nihilistic, but it is presented in the novel as

15   a positive principle of life.

NOTES

[1] **think of ...** 「…のことを考える」

[1] **remember** 「思い出す，思い起こす」。「覚えている，忘れずにいる」という意味だけででなく，こちらの意味も重要。

[3] **answer** 「（質問・要求・手紙などへの）答え，回答」

[3] **upon** on とほぼ同義だが upon の方が文語的。

[4] **occur** 「（考えなどが）（人の）心に浮かぶ，ふと気がつく」。原義は「（事件などが）起こる，発生する」。

[4] **chuckle** 「（おかしくて）くすくす笑う，含み笑いをする」

[5] **puzzle** 「判じ物，パズル」

[5] **worry** 「悶々とする，悩む」

[5] **till** 「…まで（ずっと）」

[6] **show** 「見せる，示す」

[6] **solution** 「解決，解答」

[6] **imagine** 「想像する」

[7] **escape** 「（物・事が）（注意・記憶などから）漏れる」。原義は「逃れる，脱出する」。

[7] **obvious** 「明らかな，明白な」

[8] **CVI** 「106」。C はローマ数字の 100。

[10] **weave** 「（織物を）（糸から）織る」

[11] **pattern** 「模様，柄」

[11-12] **in and of itself** 「それ自体は」

[12] **relieved** 「（…から）解放されて」

[12] **struggle** 「もがき，あがき」

[14] **misunderstood** 「誤解された，意味を取り違えられた」

[14] **nihilistic** 「虚無主義的な」。nihilism で「虚無主義」，nihilist で「虚無主義者」。

[14] **present** 「呈示する，示す」

[15] **positive** 「（態度などが）肯定的な，前向きの」

01   *Dō* abounds in paradoxes. We have already come across some of them in studying martial arts. Yamaoka Tesshu, the master swordsman, believed in the possibility of using samurai discipline for peacemaking and founded 'the school of no sword'. *05* To Kano Jigoro and Ueshiba Morihei, *budō* was not a set of skills in fighting but 'a way of life'. Awa Kenzo tried to teach Eugen Herrigel how to let an arrow hit the target without aiming at it. We also read two paradoxical episodes in relation to Japanese brush calligraphy and the tea ceremony. Bundo Shunkai realized, *10* when he found himself sweating in winter after demonstrating large-ideogram calligraphy, that his teacher had guided him into the right path. Sen'no Rikyu tried to show his son how to clean a garden path by shaking a tree and scattering leaves all over it.

NOTES

[1] **come across ...** 「(物に) 出くわす, (物を) (偶然に) 見つける」
[3] **swordsman** 「剣士, 剣豪」
[3] **possibility** 「可能性, 見込み」
[4] **found** 「…を創立する, 設立する」
[5] **skill** 「技術, わざ」
[6] **fighting** 「戦い, 闘争」
[11] **guide** 「案内する, 手引きする」
[12] **right** ここでは「正しい」の意。

01   You may need deep faith to understand highly religious paradoxes; you will have to read *Of Human Bondage* closely to fully understand 'the philosophy of a Persian rug'. What do you need to understand *dō* paradoxes? You need only practice the

05   relevant arts and disciplines continuously until the paradoxes cease to look self-contradictory and begin to mirror your *dō* experiences.

NOTES

[2] **closely** 「綿密に，念入りに」
[5] **relevant** 「（当面の問題に）関係のある，適切な」
[5] **continuously** 「絶え間なく，ずっと」
[5] **cease** 「（続いていることが）終る，やむ」
[6] **mirror** 「…を（鏡が映し出すように）映す，反映する」

154

MEMO

LESSON 13

復習4

構 文

★仮定法過去・仮定法過去完了

> 仮定法は「反実仮想」を表す文法形式で，主なものとして現在の状況と
> 違うことを想定するときに使う仮定法過去と，過去の状況と違うことを想
> 定するときに使う仮定法過去完了がある。

＊本文中で仮定法過去が使われている例

・If this <u>were</u> its only 'correct' interpretation, the trinity of cleanliness, beauty,
and nature <u>would be</u> written into the Golden Rule of *sadō*.【Lesson 11】

☆ if 節のなかに過去形が使われているが，仮定法過去の be 動詞は，主語
　が単数でも were となることが多い。仮定法「過去」といっても，実際に
　は現在の事実と違うことを想定している。

＊本文中で仮定法過去完了が使われている例

・... if Rikiu <u>had expected</u> Shoan to scatter leaves onto the garden path from the
beginning, why <u>didn't</u> he tell his son to do so ... ?【Lesson 11】

☆過去の反実仮想の表現になっている。

練 習

＊次の英文を和訳してみましょう。

(a) If Steve had quit the band, they would never have had this hit.

(b) If Neil liked the phrase, he would have used it.

＊次の日本語文を英訳してみましょう。

(1) もしジョナサンが来るなら，ロスも来るだろう。

(2) もし私があなたの立場だったら，やってみるだろう。

★ to 不定詞の用法

> to 不定詞にはさまざまな用法があるので，注意を要する。大きく分けて，
> 名詞用法・形容詞用法・副詞用法がある。

＊ Lesson 11 と Lesson 12 に出て来る to 不定詞が使われている文

・*Dō* is as difficult <u>to explain</u> .... 【Lesson 11】

☆副詞用法。to explain は difficult を修飾している。

・... there is nothing more <u>to be done</u>. 【Lesson 11】

☆形容詞用法。to be done は nothing を修飾している。

・... it suddenly opens up <u>to reveal</u> many precious clues .... 【Lesson 11】

☆ to reveal は open up を修飾する副詞用法。ここでは結果を表す。

・Buddhism famously uses Zen paradoxes [*koans*] <u>to gauge</u> and facilitate ... 【Lesson 12】

☆ to gauge は use を修飾する副詞用法。とくに目的を表す。

・The protagonist, ..., grows up <u>to experience</u> various kinds of hardships, always trying in vain <u>to find</u> the meaning of life. 【Lesson 12】

☆ to experience は grow up を修飾する副詞用法。ここでは結果を表す。

　to find は名詞用法。try の目的語になっている。

・Sen'no Rikyu tried <u>to show</u> his son how to clean a garden path by shaking a tree and scattering leaves all over it. 【Lesson 12】

☆名詞用法。to show は try の目的語。

・You may need deep faith <u>to understand</u> highly religious paradoxes. 【Lesson 12】

☆副詞用法。目的を表す。

・You will <u>have to read</u> *Of Human Bondage* closely <u>to understand</u> 'the philosophy of a Persian rug'. 【Lesson 12】

☆ to understand は副詞用法。read を修飾して目的を表す。

　have to read については後述。

・What do you need <u>to understand</u> *dō* paradoxes? 【Lesson 12】

☆副詞用法。need を修飾して目的を表す。

＊ have to ...　の形　「…しなければならない」

・We <u>have to read</u> these two accounts carefully. 【Lesson 11】

・... you will <u>have to read</u> *Of Human Bondage* closely <u>to fully understand</u> 'the philosophy of a Persian rug'. 【Lesson 12】

練 習

＊次の英文を和訳してみましょう。

(a) Richie wanted to record the song, but Ronnie thought the idea to be nonsense.

(b) It feels good to exercise.

＊次の日本語文を to 不定詞 を使って英訳してみましょう。

(1) 私はこの仕事を終えるために一晩中起きていなければならなかった。

(2) 上手に書くのは難しい。

≪便利な表現≫

★ not (only) ... but (also) ～　「…だけでなく～も」

＊本文中で not (only) ... but (also) ～　が使われている例

・What Rikiu demanded was <u>not</u> cleanliness alone, <u>but</u> the beautiful and the natural also. 【Lesson 11】

・... what matters is <u>not only</u> what you create <u>but also</u> how you create it. 【Lesson 3】

・... there are many pious believers who <u>not only</u> worship at the altars every day <u>but also</u> practice Zazen every day, ... 【Lesson 6】

・... you will be able to understand the forms and formalities of others, <u>not</u> in terms of their exact meaning, perhaps, <u>but</u> as rich expressions of the philosophy of *dō*. 【Lesson 8】

練 習

＊次の英文を和訳してみましょう。

(a) Brian acted not only as a leader, but as a manager as well.

_____

(b) Whom Freddie was looking for was not only a friend but also a partner.

_____

＊次の日本語文を not ... but 〜 を使って英訳してみましょう。

(1) ロジャーはビールだけでなくワインも飲んでいた。

_____

★ ... nor 〜 「…も〜もない」

＊本文中で ... nor 〜 が使われている例

・The former cannot simply be boiled down to the axiom that you should not aim at the target in kyudo, <u>nor</u> the latter to the advice that you should concentrate so hard when practicing brush calligraphy that you sweat even in winter. 【Lesson 11】

練 習

＊次の英文を和訳してみましょう。

(a) Robert did not play the guitar nor keyboards.

(b) Jimmy did not have any food in his kitchen, nor any money in his wallet.

＊次の日本語文を英訳してみましょう。

(1) ジョンは叫びもしなかったし，助けも呼ばなかった。

★ 倒置

＊本文中に出て来る倒置の例

・... not a twig, not a leaf <u>have I left on the ground.</u> 【Lesson 11】

練 習

＊次の英文を和訳してみましょう。

(a) Not a penny did Keith leave for his children.

(b) Not only does Pete write songs, he also sings them.

162

＊次の日本語文を英訳してみましょう。

(1) エリックが舞台上で話すことはほとんどなかった。

★ need only ... 「…しさえすればいい」〈…は動詞の原形〉

＊本文中で need only ... が使われている例

・You <u>need only</u> practice the relevant arts and disciplines continuously ....

　【Lesson 12】

・... you <u>need only</u> learn the code of formalism.【Lesson 8】

練 習

＊次の英文を和訳してみましょう。

(a) You need only answer the question.

(b) I knew I need only say yes.

＊次の日本語文を need only ... を使って英訳してみましょう。

(1) あなたは来さえすればいいのです。

| EXERCISE 〉 **英語で表現してみましょう**

放送教材の中で出て来る英語表現を応用して，様々な道で語られる逆説について英語で説明してみましょう。

MEMO

LESSON 14

外国からみた「道」／*Dō* Seen from Overseas

01   When I was reading a book entitled *Discover Japan: Words, Customs and Concepts* (Vol. 1, Kodansha International Ltd., 1982) in preparation for my classes for international students, I came across two short essays on some different aspects of *dō*, both of

05 which, on first reading, seemed to exemplify foreigners' gross misunderstanding of our culture. After reading them another couple of times, however, those essays, wildly erroneous though they still seemed, began to present some new ways of looking at *dō*.

10   One of them is headlined 'O-keikogoto (Practice or training, in the sense of taking lessons)'. The writer, an American named Robert Wallace, overhears a Japanese girl say to her friend, 'I'm twenty now so I must begin to study ikebana', and speculates on the connection between the girl's age and flower arrangement. He

15 goes on to discuss the unique nature of 'o-keikogoto':

NOTES

[1] **entitle** 「（本などに）名称を与える，表題を付ける」。受身形で使うことも多い。

[1] **discover** 「（未知の物事を）発見する，見つける」

[2] **concept** 「概念，発想」

[3] **preparation** 「（…の）用意，準備」

[3] **international student** 「外国人学生，留学生」

[4] **essay** 「小論，評論」

[5] **exemplify** 「…の実例となる」

[5] **gross** 「（誤り，誤解などが）甚だしい，全くひどい」

[6] **misunderstanding** 「誤解，考え違い」

[6-7] **another couple of times** 「もう何回か」a couple of times の a を another に変えた形。another は「もう１つの」の意。

[7] **wildly** 「むやみに，やたらに」

[7] **erroneous** 「間違った，見当違いの」

[7-8] **wildly erroneous though they still seemed** 通常の語順では though they still seemed wildly erroneous だが，wildly erroneous を強調するために先に出したので語順が倒置されている。

[10] **headline** 「…に見出しをつける」。headline の原義は「見出し，表題」という名詞。

[11] **take lessons** 「レッスンを受ける，習う」

[12] **overhear** 「ふと耳にする，漏れ聞く」

[12] **overhears a Japanese girl say** ☞文法解説：知覚動詞

[13] **speculate** 「（…について）思索する，思いめぐらす」。「推測する」という意味もある。

[14] **connection** 「関係，関連」

[14] **flower arrangement** ここでは日本のいけばなを指す。

[15] **unique** 「独特な，無比の」

[15] **nature** 「自然」という意味も勿論あるが，ここでは「（人・物の）本質，性質」を指す。

01   The uniqueness of o-keikogoto is centered not so much around the practical side of a wife's duties, such as cooking and sewing, but around the formal arts of ikebana and the tea ceremony; for it is in these studies that she may develop

05   the frame of mind and sensitivity that is so in tune with the traditional sense of femininity. Just as the martial arts such as kendo and judo are believed to perfect the mind of the male; the more gentle arts of serving tea and arranging flowers may perfect the mind of the female. A Japanese woman is

10   judged by her suitors not only for her physical beauty but also

NOTES

[1] **uniqueness** 「独特さ」
[1] **center** 「（関心・話題などが）（…に）集中する」
[1-3] **not so much … but 〜** 「…よりむしろ〜」
[2] **practical** 「実践的な，実用的な」
[2] **side** 「（事柄の）面，観点」
[2] **duty** 「（地位・職業上の）務め，任務」。複数形で使うことも多い。
[2] **such as** 「例えば…など」
[3] **sewing** 「裁縫，針仕事」
[4] **for** 「なぜかというと…だから，その理由は…だから」。前に述べたことの根拠などを文語的に述べるときに使う等位接続詞。口語では従属接続詞の because で代用することが多いために混同しやすいが，使い方が違うので注意。
[5] **frame** 「構造，枠」
[5] **mind** 「考え方，ものの見方」
[5] **sensitivity** 「感受性」
[5] **in tune with …** 「（人・事が）（…と）かみ合って，調和して」
[6] **femininity** 「女らしさ，女性性」
[7] **perfect** 「完全な，欠点のない」という意味の形容詞で使われることが多い語だが，ここでは「（事・物を）完成する，仕上げる」という意味の動詞。
[7] **male** 「男性，男子」
[8] **gentle** 「しとやかな，おとなしい」
[8] **arrange** 「整える，配置する」
[9] **female** 「女性，女子」
[10] **judge** 「評価する，判断する」
[10] **suitor** 「（男の）求婚者」

01   by her tender feelings, her grace, and delicacy. To the older generation these are qualities which can best be developed through these particular aesthetic disciplines.

05   The subject of the other essay, written by Edward G. Seidensticker, the well-known translator of Japanese literature, is none other than '*dō*'. He begins by suggesting—citing the examples of Mishima Yukio's seminude photograph in the book *Taidō* and the behaviour of a certain extremist group of Japanese

NOTES

[1] **tender** 「(人・心などが)優しい,思いやりのある」

[1] **feelings** 「(理性に対して)感情,気持ち」

[1] **grace** 「(姿・態度・動作などの)品のよさ,しとやかさ」

[1] **delicacy** 「(行為・礼儀作法などに表れる)感情の細やかさ,たしなみのよさ」

[2] **generation** 「世代」

[2] **quality** 「(物・人がその物・人たるための)特質,本質」

[5] **subject** 「(思考・議論・研究などの)主題,題目」

[5-6] **Edward G. Seidensticker** エドワード・サイデンステッカー(1921-2007)。アメリカ人の日本文学研究者。数多くの日本文学を英訳し,『雪国』の名訳で川端康成のノーベル賞受賞に貢献したといわれる。源氏物語の英訳はアーサー・ウェイリー訳と並び称される。

[6] **well-known** 「有名な,(人に)よく知られている」

[6] **translator** 「翻訳者,翻訳家」

[6] **literature** 「文学」

[7] **none other than** 「…に他ならない,他ならぬ…」

[7] **cite** 「引用する,(著者などを)引き合いに出す」

[8] **Mishima Yukio** 三島由紀夫(1925-1970)。戦後文学の代表的作家。『仮面の告白』で作家としての地位を確立,劇作家としても活躍した。1960年代後半に「文武両道」を唱えるようになり,自衛隊に体験入隊。「楯の会」を結成後,1970年11月25日に自衛隊市ヶ谷駐屯地にて隊員の決起を呼びかけたが果たせず割腹自殺。『金閣寺』『豊饒の海』など。

[8] **seminude** 「半裸の」

[8] **photograph** 「写真」

[9] *Taidō* 正式なタイトルは *Young Samurai: Bodybuilders of Japan* (John Weatherhill, Inc., 1974) で,その表紙に「体道」の文字が見える。写真家八頭保の手になる写真集で,三島由紀夫は解説文を提供するのみならず,被写体としてふんどし姿で登場している。

[9] **extremist** 「過激派の」

01   young people that he wrongly associates with *bushidō*—that *dō* looks extremely weird, sometimes even unpleasant to him. On the other hand, he seems to acknowledge *dō* as a secular substitute for religion:

05

> But it [*dō*] has been there at the center of things, one of the supporting pillars, for a very long time. People are always saying that the Japanese are not a religious people. Perhaps they are not, but they revere, as if sacred, certain guiding

10

> modes which would in most places be thought secular, and so the effect is much the same as if they were religious. It may be argued, indeed, that the absence of gods makes the religion more secure, because there is no one for the iconoclasts to decapitate.

15

These two essays are totally different in tone and style—one is analytical, the other grimly satirical—but they share the assumption that *dō* has a function to serve, whether educational

NOTES

[1] **wrongly** 「不当に」

[2] **weird** 「気味の悪い，不気味な」

[2] **unpleasant** 「不愉快な，気持ちの悪い」

[3] **acknowledge** 「…を（…であると）認める」

[3] **secular** 「（物・事が）世俗の，宗教と関係のない」

[3] **substitute** 「（…の）代わりをする人［もの］，代替物」

[7] **supporting** 「支える，支持する」

[7] **pillar** 「柱」

[9] **revere** 「畏敬する，崇拝する」

[10] **mode** 「振る舞い方，仕方」

[11] **effect** 「影響，（…に対する）効果」

[12] **absence** 「不在」

[12] **god** 「神」

[13] **secure** 「（土台・結び目などが）安定した，ゆるぎのない」

[14] **iconoclast** 「偶像破壊者，因習打破主義者」

[14] **decapitate** 「…の首をはねる，打ち首にする」

[16] **tone** 「（談話・書き物の）調子，語調」

[16] **style** 「（文芸作品の内容に対して）形式，表現様式」

[17] **analytical** 「分析的な」。analytic と同じ意味。

[17] **grimly** 「気味悪く」

[17] **satirical** 「皮肉な，風刺的な」

[18] **serve** 「…を務める，…の役に立つ，（目的）にかなう」

[18] **educational** 「教育的な」

174

01   or pseudo-religious, in Japanese society. This assumption is not

wide of the mark. Concerning the other points, however, Japanese

people, at least those involved in *dō* activities, will disagree with

these authors. *Dō* has little to do with instilling idealized qualities

05   in men or women, much less with preparing one for marriage;

nor is it a surrogate form of piety for Japanese people who lack

religious faith. Nevertheless, their claims have certain values.

Though it is rather challenging to tell exactly what *dō* is, we easily

recognize what it is not. These essays—and possibly many other

10   descriptions of *dō* by foreigners—may help us, as in a Yes-and-

No game in *A Christmas Carol*, to make its outline clearer to

ourselves.

NOTES

[1] **pseudo-** 「疑似の」という意味の連結形。

[2] **wide of the mark** 「(的・要点を) 外れた，見当違いの」

[3] **involved** 「(物事に) 打ち込んでいる」

[3] **disagree** 「(意見・提案などに) 異議がある，意見が異なる」

[4] **has little to do with...** 「…とほとんど関係がない」

[4] **instill** 「徐々に教え込む」

[4] **idealize** 「理想化する」

[5] **prepare** 「…の用意［準備］をする」

[6] **nor** 「また…ない」。この接続詞に導かれる節のなかでは，主語と (助) 動詞の倒置が起こることが多い。

[6] **surrogate** 「代理の，代行する」

[6] **piety** 「敬神の念，信心」

[7] **value** 「(物の本質的または相対的な) 価値，有用」

[8] **rather** 「いくぶん，なかなか」

[8] **exactly** 「正確に，厳密に」

[10-11] **Yes-and-No game** チャールズ・ディケンズの名作『クリスマス・キャロル』(1843) のなかに出てくる遊び。物語のなかでは，単に Yes and No と呼ばれている。金の亡者たる主人公スクルージの甥のフレッドが，クリスマスを祝う集まりで友人たちとこの遊びに興じている。まずフレッドが何かを頭に思い浮かべ，ほかの者たちが質問をしながらそれを当てようとするが，彼はそれぞれの質問に対して「はい」か「いいえ」でしか答えず，最終的に答えは「スクルージ伯父さん」に絞り込まれることになる。

[11] *A Christmas Carol* 上記の注にある『クリスマス・キャロル』。主人公である守銭奴 Scrooge がクリスマスイブに過去・現在・未来を旅する超常体験をして改心する。

[11] **outline** 「概略，あらまし」

176

MEMO

LESSON 15

道とは／What is *Dō*?

構 文

★知覚動詞構文

> 「見える，聞こえる，感じる」など，人間の知覚を表現する動詞のなかで，とくにS＋V＋O＋原形不定詞・現在分詞・過去分詞の構造を取るものを呼ぶことが多い。

＊本文中で知覚動詞構文が使われている例（知覚動詞に下線，目的語に波線，原形不定詞・現在分詞・過去分詞に二重線を付してある）

・The writer, ..., overhears a Japanese girl say to her friend, 'I'm twenty now so I must begin to study ikebana', ... 【Lesson 14】

・I heard three Englishmen use the same English adjective .... 【Lesson 8】

Cf. 通常の動作動詞としての構文

・When Bodhidharma saw the Emperor Wu of the Liang dynasty, the Emperor asked, ... 【Lesson 11】

（もし "When Bodhidharma saw the Emperor Wu of the Liang dynasty coming towards him," などであれば知覚動詞構文）

・Rikiu <u>was watching</u> his son Shoan as he swept and watered the garden path.
【Lesson 11】
（もし "Rikiu <u>was watching</u> <u>his son Shoan</u> <u>sweep</u> and <u>water</u> the garden path."
であれば知覚動詞構文）

練 習

＊次の英文を和訳してみましょう。

(a) I watched you swimming the other day.〈現在分詞が使われている例〉

(b) She saw her seat taken.〈過去分詞が使われている例〉

＊次の日本語文を知覚動詞構文を使って英訳してみましょう。

(1) 私は彼女が階段から落ちるのを見た。

---

(2) 彼は誰かがドアをノックするのを聞いた。

★ it ... that 〜

> それ自体では実質的な意味を持たない it を用いる構文。主なものとして
> 強調構文と形式主語構文がある。

＊本文の中で it … that 〜 が使われている例

・... it is in these studies that she may develop the frame of mind and sensitivity .... 【Lesson 14】

☆いわゆる「it … that 〜の強調構文」。She may develop, in these studies, the frame of mind and sensitivity … の in these studies の部分が強調された形。it と that を抜いて，残りの語を並べ直したときに完全な文になることに注意。

・It may be argued that the absence of gods makes the religion more secure, ... 【Lesson 14】

☆これは形式主語構文。文頭の It が that 節の内容を表している。

・It is proverbially said ... that your hand represents your personality. 【Lesson 3】

☆これも形式主語構文。文頭の It が that 節の内容を表している。

・It may seem strange that a swordsman should resolve conflict bloodlessly, ... 【Lesson 5】

☆文頭の It が that 節の内容を表している形式主語構文。

Cf. it が形式主語ではない例（it が前に述べられたものを受けている例）

・If the statement ..., is true, it suggests that .... 【Lesson 1】

・..., he was commissioned to write a nine-letter epitaph that was to be inscribed on a huge memorial monument. It was such an important job that .... 【Lesson 3】

・Even if your family religion is Zen Buddhism, it does not necessarily mean that .... 【Lesson 6】

練 習

＊次の英文を和訳してみましょう。

(a) Is it true that all museums are going to be closed?

_____

(b) It was without evidence that the statement was made.

_____

＊次の日本語文を it ... that ～を使って英訳してみましょう。

(1) 最近 (these days) 子供は忙しいと言われている。

_____

(2) 教員が夜遅くまで働いているというのはよくあることだ。

_____

≪便利な表現≫

★ as if ...　　「…であるかのように」

＊本文中で as if ... が使われている例

・... they revere, <u>as if</u> sacred, certain guiding modes ..., and so the effect is much the same <u>as if</u> they were religious.【Lesson 14】

練習

＊次の英文を和訳してみましょう。

(a) He looked pale as if he was ill.

_____

(b) You treat me as if I was your grandmother.〈最も正式には was ではなく were だが was も多用される〉

_____

＊次の日本語文を as if を使って英訳してみましょう。

(1) 彼女はまるで女王様のように振舞う。〈実際には女王様ではない―反実仮想〉

_____

EXERCISE　　英語で表現してみましょう

・この授業を通して今回新しく知ったことを述べてみましょう。

・様々な「道」の実践家へのインタビューを通して「道」について学んだことを説明してみましょう。

・「道」の特質として，これまでの章で論じられたもの以外にも何かあるかどうかを考え，それを英語1語で表現してみましょう。

　　例：spirituality, purposelessness, amateurism, etc.

・「道」の定義を英語で書いてみましょう。

　　例：*Dō* is the way of engaging yourself in a highly specialized art or discipline as a representation of your whole life.

練習問題解答

LESSON **4** 復習 1

★ 分詞構文

(a) その話を聞いて，彼女は嬉しくて叫んだ。

(b) 警察に止められたので，私は時間までにそこに着けなかった。

(1) Taking his advice, she decided not to go there.

(2) Questioned by his teacher, he had to tell the truth.

★ once ...

(a) 一度成功したら，次回にはもっと良く［うまく］できます。

(b) 彼は一度誰かに会ったら決してその人の顔を忘れない。

(1) Once you have learned the form, you can break away from it.

(2) You won't be able to forget it once you hear it.

★ 間接話法，直接話法

(a) 私は二度とそんなことはしないと誓った。

(b)「二度とそんなことはしない」と私は誓った。

(1) He told her to do it again. / "Do it again," he told her.

(2) She thought, "I can do it!" / She thought she could do it.

★ no matter how ...

(a) どんなに高かろうと，私はそれを買う。

(b) どんなに遅くなろうとも，私は今日中に自分の仕事を終わらせる。

(1) No matter how easy it is, I will practice hard.

★ in such a way that ...

(a) 彼はまるでそれがいつ壊れるか分からないというようなやり方でその道具を扱った。

(b) 彼女はまるでボールを持っているのがルール違反であるかのように私にパスを寄越した。

(1) Draw the picture in such a way that no one can imitate it.

★ with ..., without ...

(a) この指輪を以て，私はあなたと結婚します。(イギリス国教会の結婚式の文言)

(b) 音楽がなければ人生はつまらない。

(1) With this technology, they can change the world.

(2) Without that knowledge, she would not understand you.

★ it ... to 〜

(a) キャンプに行くのは楽しいかもしれない。

(b) 試験に合格するのは大変だろう。

(1) It is sad to lose a pet.

LESSON 7 復習2

★ 関係詞

(a) その男の子を助けたのはアガサだった。

(b) この本が去年ベストセラーになった本だ。

(1) This is the girl whom Emily lives with. / This is the girl who lives with Emily.

★ 視点と時制の違い

(a) その物語は年老いた女性によって語られたと言われていた。

(b) その記事を書いたと信じられていたのはバージニアだった。

(1) Jane was expected to have read the news.

★ to be ..., be to ...

(a) その規則は全員が従わなければならないことになっている。

(b) シャーロットは小説家になりたかった。

186

(1) The meeting is to be attended by all residents.

★ so ... that 〜, such ... that 〜
(a) その日の朝はとても寒かったので，ウィラはベッドから出たくなかった。
(b) ビアトリスは姉［妹］がいなくてとてもさみしくて，毎晩泣いていた。
(1) The soup was so hot that I burned my tongue.
(2) The task was so difficult that I gave up finishing it.
　　It was such a difficult task that I gave up completing it.

★ the way ...
(a) それはお茶を立てるやり方ではない（やり方として適切ではない）。
(b) それがその仕事が行われる然るべきやり方だ。
(1) I don't like the way Mary sings.

★ much less ...
(a) あなたは音楽に興味がないし，ましてや楽器を演奏することになど全く
　　関心がない。
(b) 私は韓国語が読めないし，ましてや書くことなどできない。
(1) Iris can't drive a car, much less a truck.

★ 部分否定の not
(a) 全員の親がその活動に参加したわけではなかった。
(b) 中に入ることを許されたメンバーは多くはなかった。
(1) Not all Americans eat beef.
(2) Not a few fans were shocked by the news.

LESSON 10 復習 3

★条件文

(a) もしウィリアムが辞めたら，キャサリンもそうするだろう。

(b) もし私が家に帰らなければならないならタクシーを使う。

(1) If it rains tomorrow, we will not go to the park.

(2) Harry cannot get there if he does not take a train.

★ of which ..., ～ of which ..., in which ..., from which ..., through which ...

(a) メガンが参加している活動は有名だ。

(b) エリザベスによって1枚ずつサインされたプレートがお店で売られている。

(c) チャールズがどの国から来たのかは知られていない。

(d) マーガレットが昨日乗るはずだった飛行機はキャンセルになった。

(1) The group to which Philip belongs is quite large. / The group which Philip belongs to is quite large.

(2) This was the issue on which everybody agreed.

This was the issue which everyone agreed on. (on の代わりに upon 又は with でも可。)

★ being ...

(a) エドワードが最年長だったので，ジョージはその義務から解放された。

(b) 良い子でいることはアンにとって簡単ではなかった。

(1) Being late, they decided to leave the party.

(2) James likes being lazy.

★ as ... as ～

(a) ロバートはその知らせを聞くや否や家に帰って来た。

(b) デイビッドはいつも落ち着き払っている。

(as cool as a cucumber は字義どおりには「キュウリのように冷たい」だが，

「落ち着き払って，涼しい顔をして」などの意味の熟語で使われる。)

(1) Richard walked as fast as he could.

★ the more ..., the more 〜

(a) 読めば読むほど，私は混乱した。

(b) ジェームスは努力すればするほど上手になった。

(1) The more I studied, the more I understood.

★ ...ever

(a) どの方向から見ても，状況は悪くなるだろう。

(b) どんなに一生懸命やっても，ダイアナは競走に勝つことはできなかった。

(1) Whatever happens, don't cry.

LESSON 13 復習 4

★ 仮定法過去・仮定法過去完了

(a) もしスティーブがバンドを辞めていたら，彼らはこのヒット曲を出すことはなかっただろう。

(b) もしニールがその言い回しを気に入ったら，それを使っただろう。

(1) If Jonathan were to come, Ross would come too. / If Jonathan was coming, Ross would, too.

(2) If I were you, I would try it.

★ to 不定詞

(a) リッチーはその歌を録音したかったが，ロニーはその考えを馬鹿らしいと思った。

(b) 運動すると気分が良い。

(1) I had to stay up all night to finish this work.

(2) To write well is difficult. / It is difficult to write well.

★ not (only) ... but (also) 〜

(a) ブライアンはリーダーとしてだけでなく，マネージャーとしても行動していた。

(b) フレディーは友達だけでなくパートナーも探していた。

(1) Roger was drinking not only beer but also wine.

★ ... nor 〜 「…も〜もない」

(a) ロバートはギターもキーボードも弾かなかった。

(b) ジミーは台所に食べ物がなかったし，財布の中に金もなかった。

(1) John did not scream, nor call for help.

★ 倒置

(a) キースは子供に1ペニーも残しはしなかった。

(b) ピートは歌を書くのみならず，それらを歌いもする。

(1) Rarely did Eric speak on stage.

★ need only ...

(a) あなたは質問に答えさえすればいい。

(b) 私ははいと言いさえすれば良いと知っていた。

(1) You need only come. (You only need to come. と同じ意味。)

LESSON 15 道とは／What is *Dō*?

★知覚動詞構文

(a) 私は先日あなたが泳いでいるのを見た（じっと見ていた）。

(b) 彼女は自分の席が取られているのを見た。

(1) I saw her fall off the steps.〈原形不定詞を使った例〉

(2) He heard someone knock the door.〈原形不定詞を使った場合〉

He heard someone knocking the door.〈現在分詞を使った場合〉

★ it ... that ～

(a) 全ての博物館が閉館になるというのは本当ですか?〈it は形式主語〉

(b) その声明は証拠のないまま出されたものだった。〈it ... that ～ 強調構文〉

(1) It is said that children are busy these days.〈it は形式主語〉

(2) It is often until late at night that teachers work.〈it ... that ～ 強調構文〉

   It is often the case that teachers work until late at night.〈it は形式主語〉

★ as if ...

(a) 彼は病気であるかのように顔色が悪く見えた。〈実際に病気だったかどうかは分からない〉

(b) あなたは私をおばあさんのように扱う。〈実際にはおばあさんではない〉

(1) She behaves as if she were a queen.

MEMO

192

出典一覧

LESSON 2 (pp.22-24)

Okakura Kakuzo (1956). *The Book of Tea*, 5, Charles E. Tuttle Company

LESSON 3 (p.44)

豊道春海 (1982).「私の履歴書」,『東洋のこころ―豊道春海展』, 栃木県立美術館

LESSON 5 (pp.60-62)

John Stevens (2013). *The Way of Judo: A Portrait of Jigoro Kano & His Students*, 62, Boston: Shambala

LESSON 5 (p.64)

Eugen Herrigel (1948). *Zen in the Art of Archery*, translated by R.F.C. Hull and published in 1953, NY: Pantheon Books

LESSON 11 (p.136)

Daisetz T. Suzuki (1988). *Zen and Japanese Culture*, 136, Charles E. Tuttle Company

LESSON 11 (pp.136-38)

Okakura Kakuzo (1956). *The Book of Tea*, 64-65, Charles E. Tuttle Company

LESSON 12 (p.148)

W. Somerset Maugham (1963). *Of Human Bondage*, 523, first published in 1915, Harmonsworth: Penguin Books Ltd.

LESSON 14 (pp.168-170)

Robert Wallace (1975). 'O-keikogoto', *Discover Japan, Vol. 1*, 163, Kodansha International Ltd.

LESSON 14 (p.172)

Edward G. Seidensticker (1975). 'Dô', *Discover Japan, Vol. 1*, 196, Kodansha International Ltd.

索引

初出ページを示すが，異なる意味で 2 箇所以上使われた場合はそれぞれの意味での初出ページである。

NOTES の作成には下記の辞書を参考にした。

- 小学館　ランダムハウス英和辞典
- 大修館　ジーニアス英和大辞典
- 研究社　新英和大辞典
- 研究社　リーダーズ英和辞典
- 研究社　リーダーズ・プラス
- Collins COBUILD Advanced Dictionary of English
- Oxford Dictionary of English

（いずれも電子辞書版）

なお，NOTES にはその場の文脈に合った意味のみ記載した。多くの語には他の意味もある。辞書で確認して頂きたい。

– A –

A Christmas Carol	175
a couple of times	31
a set of …	119
abound	101
absence	173
absolute	15
absurd	145
according to …	69
account	135
achievement	59
acknowledge	173
across	103
act	31
activity	119
adjective	95
admit	111
ado	23
advisable	43
aesthetic	11
affirmative	75
afford	77
after all	15, 23
aim	63
alcove	27

all over	45
allegory	135
allusion	23
alone	137
altar	71
although	113
Amitabha	69
among	73
amount to …	11
analytical	173
and so on	33
another couple of times	167
answer	149
apparently	29
apply	73
appreciate	29, 95
approach	19
arbitrarily	111
arbitrary	109
area	117
argue	37
arrange	27, 169
arrow	63
art	37
as can be seen in …	11

as it were	101	briefly	101
as they are	17	bring home	45
aspect	101	broad	75
aspiration	37	broaden	95
aspire	11	brocade	139
assessment	99	brought	41
associate	113	brush calligraphy	11
assume	61	Buddhahood	69
assumption	25	bull's-eye	65
at ~'s request	97	Bundo Shunkai	41
at a loss	71	– C –	
at any rate	65	calligrapher	37
attitude	43	capitulation	59
attribute to …	13	capture	15
Awa Kenzo	59	careful	29
awkwardly	95	carefully	135
axiom	135	carpet	147
– B –		case	95
baa-baa	111	catch a glimpse of …	77
bade	139	cease	153
bamboo	117	celebration	33
basically	111	center	169
be supposed to …	115	ceremony	27
be to …	41	certain	115
behind	33	challenge	43
betrothed	27	challenging	19
Bildungsroman	147	chant	69
binary opposition	107	character	37
blame	25	characteristic	11
blank	45	chide	139
blissful	27	chosen	115
blood	113	chuckle	149
bloodless	59	circle	111
blurred	13	cite	171
Bodhidharma	137	clapping	145
boil down to …	135	cleanliness	33
born and bred	95	clockwise	31
bound	117	close	145
boundary	13	closely	111, 153
bounds	115	cloudiness	111
bow	65	clubfoot	147
bowing	103	clue	141
brazier	41	Cluny	147
brief	23	code	29

cognition	111	Darby and Joan	27
collect	97	decapitate	173
combine	101	decipher	29
combined	13	decorum	33
come across …	151	deeply	111
come up with …	71	define	13
commission	41	defy	65
completely	43	degree	113
component	101	delicacy	171
composition	11	demand	141
comprehend	13	demarcation	117
concentrate	33	demerit	97
concentration	41	demonstrate	45
concept	167	describe	19
concern	29	description	135
concisely	25	deserve	31
conclude	15	desire	27
conduct	33	develop	99
conflict	61	devout	73
confront	137	Dharma	137
connected	111	dialect	103
connection	167	dialogue	137
consider	23	difference	99
considering that …	15	different	69
consistent	77	dip	39
contain	145	disagree	175
content	33	disappointed	63
continuously	153	disappointment	41
cord	117	disciple	63
correct	141	discipline	11, 97
courtesy	33	discourse	137
create	39	discover	167
crimson	139	discreetly	31
critically	65	discuss	59
crockery	99	discussion	107
cross-cultural	95	dizzy	45
crucial	59	Dogen	77
Cultural Crossroads	97	double	111
custom	115	doubt	63
CVI	149	draft	41
– D –		drain	25
daily	77	drama	23
Daisetz T. Suzuki	71, 137	draw	17
danger	113	dregs	25

dumbfound	65
duty	169

– E –

earnest	27
Edo Castle	59
educational	173
Edward G. Seidensticker	171
effect	173
effort	45
elaborate	37
element	19
elucidate	107
elusive	19
embody	63
Emperor Wu	137
emphasis	39
emptiness	137
enable	17
enclose	117
encourage	31
English afternoon tea	99
English literature	71
enjoyment	23
enough	139
enriched	33
entertain	27, 137
enthusiasm	23
entitle	167
ephemeral	33
epitaph	41
equally	95
erroneous	167
escape	149
especially	19
essay	167
essence	17
eternal	15
ethical	13
etiquette	103
Eugen Herrigel	63
even if …	73
evolve	37
exact	103
exactly	175

example	15
exemplify	167
expand	107
expect	95
express	25
extend	25
extension	117
extremely	13
extremist	171
eye-opener	97

– F –

face	31
facilitate	145
failure	45
faith	145
faithful	17
familiar	65
famously	17
fan	115
feat	65
feelings	171
female	169
femininity	169
fence	117
Ferdinand de Saussure	107
festoon	117
fighting	151
filming trip	97
finally	99
find	43
fine arts	17
first of all	71
firstly	73
flow	39
flower arrangement	167
focus	99
folded	115
follow-up	71
fool	139
for	169
for fear of …	45
foreigner	23
form	15, 29
formal	95

formality	101	headline	167
fortunate	27	hence	15
found	151	highlight	59
founder	107	highly	37
frame	169	holy	137
frantic	45	honour	31
fulfilment	11	hospitality	25
fully	41	host	25
function	101	household	71
fundamental	75	however	111
further	43	huge	41
– G –		human being	111
gather	27	humbly	117
gauge	145	humility	31
generation	171	hybrid	19
gentle	169	– I –	
give credit	65	I do not know (*fushiki, pu-shih*)	137
Given …	17	I would say …	97
go	111	iconoclast	173
go on	109	idealize	175
go through	141	ideogram	45
god	173	illustrate	137
Golden Rule	141	imagine	149
govern	101	imperfect	15
grace	171	Imperial Army	59
grammar	101	imply	15
grimly	173	importance	41
gross	167	importantly	75
guess	37	impression	97
guide	151	in ～'s turn	71
– H –		in and of itself	149
half	39	in charge of …	71
hand	37	in order to …	101
handicapped	147	in relation to …	95
handle	29	in spite of …	45
hang	29	in such a way that …	27
hardly	33	in terms of …	103
hardship	147	in the presence of …	45
has little to do with …	175	in tune with …	169
hasten	37	in turn	119
have … in common	11	in vain	147
have ＋〈名詞〉＋〈動詞の原形〉	63	incense	63
Having said that	13	include	61
head teacher	97	including	73

indeed	23	leave	71
individual	117	let alone	13
individually	13	Liang dynasty	137
inevitable	109	lichen	139
inevitably	135	lie behind …	101
infinity	25	lifelong	45
influential	59	-like	71
inscribe	41	linguistic	13
insight	19	lit	63
inspection	145	literary	37
instantly	15	literature	171
instead	37	lo and behold	45
instead of …	31	lobby	61
instill	175	logic	141
institutional	59	logical	15
instruction	39	long-lasting	27
insult	95	lotus position	69
intended	43	lower	115
intensive	77	**– M –**	
interested	63	make much of …	25
interesting	137	make of …	65
internalize	33	male	169
international student	167	manifest	103
interpret	137	manifestation	37
interpretation	135	manner	103
intuitively	15	manuscript	37
involved	175	marathon monk	69
isolated	11	mark	117
issue	95	martial artist	59
It is Emptiness itself and		martial arts	11
there is nothing holy.	137	master	31
it is possible to …	33	material	19, 97
– J –		mathematics	17
John Stevens	61	matter	39
judge	169	meaning	101
just as …	37	meditation	11
– K –		medium	15
Kano Jigoro	59	Meiji Restoration	59
kind	29	memoir	41
koans	145	memorial	41
– L –		mention	59
lantern	139	merely	101
lay	69	merit	97
leaf	139	metaphor	19

mind	169	not only … but also ~	39
mirror	153	not so much … but ~	169
Mishima Yukio	171	notion	115
misunderstanding	167	Nottingham	95
misunderstood	149		

– O –

mixture	19	observation	19
mode	173	obvious	149
modesty	31	occasion	25
moment	27	occur	149
monk	41	*Of Human Bondage*	147
monument	41	of which	101
moo	111	offer	27
moss	139	often	27
motivate	27	Okakura Tenshin	23
much less …	69	on one's part	29
mudra	119	on the contrary	63
museum	37	on the other hand	69
mutter	41	Once	39
mysteriously	147	once given …	15
mystery	147	once-in-a-lifetime	25
		one and the same	103

– N –

narrate	27	onomatopoeic	111
narrative	19	open up	141
natural sciences	17	opportunity	25
nature	167	opposite	145
necessarily	73	ordinary	69
negative	73	originally	27
negotiation	59	orphan	147
nevertheless	77	outline	175
nihilistic	149	outside	101
Nishikawa Shundo	41	outsider	23
no matter …	39	overflow	23
no matter how …	11	overhear	167
no more than …	141		

– P –

nobody	27	painting	147
nonbeliever	69	palm	31, 117
none other than	171	paradise	145
nonlinguistic	111	paradox	15
nonverbal	29	partake of …	25
nor	175	participant	99
normally	113	participate	99
not a …	139	particular	25
not a few	37	path	139
not just about …	25	pattern	149

peacemaking	61	profusely	135
penetrate	39	programme	97
perceive	15	progress	63
perception	111	promote	61
perfect	169	proper	43
perhaps	103	properly	33
Persian	147	protagonist	147
pervade	13	prove	15
phenomena	113	proverb	25
photograph	171	proverbially	37
phrase	101	provide	17
physical	11	pseudo-	175
piece	37	purely	135
piety	175	pursue	17
pillar	173	puzzle	149
pious	75	puzzled	71
pitch dark	65	– Q –	
place	39	quality	171
plant	113	quenchless	25
playful	23	quick	73
plot	27	quite	101
poet	147	quote	19
poison	113	– R –	
portion	15	raise	31, 95
pose	113	rather	175
positive	149	reality	45
possibility	151	realize	45
possible	141	really	135
potential	69	reason	109
practical	169	recognizable	115
practice	11, 29	recognize	27
prayer	69	reconcile	145
precede	141	recur	65
precious	27	refer	33
precise	15	reform	59
prefer	17	refrain	31
preparation	167	relate	25
prepare	175	relationship	109
present	107, 149	relevant	153
president	99	relieved	149
prevalent	115	religion	17
prevent	59	religious	37
principle	13	reluctant	63
problem	137	remain	141

remember	149	secure	173
remind 人 of …	43	seeming	23
reminisce	41	self-contradiction	15
renowned	63	self-contradictory	145
reorganize	59	self-oblivion	77
reply	43	seminude	171
represent	37	semiotics	119
require	29	send	147
requirement	75	sense	73
resist	13	sensitive	27
resolve	61	sensitivity	169
respect	33	serve	31, 173
respectively	111	set up	107
responsibility	29	several	107
reveal	37	sewing	169
revere	173	shine	139
rich	103	Shoan	139
right	63, 151	Shogunate	59
Rikiu	137	shook	139
Rinzai sect	145	shot	65
ritualistic	29	show	149
rooted	111	side	31, 169
Rotary Club	95	sideways	115
roughly	17	sign	109
round	11	*signifiant* (signifier)	107
rug	147	signification	107
– S –		*signifié* (signified)	107
sacred	115	signify	33, 109
satirical	173	signpost	17
satisfactory	73	simply	33
save	145	skill	151
scarcely	69	skilled	37
scatter	139	slightly	31
scholarship	95	so … that ~	61
school	61	solution	149
school uniform	97	solve	147
scrap	139	Somerset Maugham	147
scribe	37	soul	39
scroll	29	–specific	103
sealed book	141	speculate	167
seat	117	spent	99
secretly	27	spirit	63
sect	69	splinter	65
secular	173	sprinkle	139

stand 65
stand for … 111
state 135
statement 15
step 139
steps 139
stick 117
stone 117
straw 117
structural linguistics 107
structure 115
struggle 149
stuck 65
student 29
style 173
subject 171
substitute 173
successfully 33
succession 63
such … that ～ 41
such as 169
suddenly 141
suffice 15
suggest 15
suitor 169
sum 141
summary 141
summon 63
sunny 111
supporting 173
supreme 33
sure 27
surrogate 175
survey 23
sutra 11
sweat 43
swept 139
swordsman 151
swordsmanship 27
symbol 113
symbolism 113
symbolize 61
syncretistic 73

– T –
tacit 13
tackle 45
Taidō 171
take lessons 167
talk 99
Tan'nisho 145
target 63
tea ceremony 11
teabowl 29
teaching 65
tear 23
teeming with … 29
tempest 23
temporary 117
tend to … 61
tender 171
terminology 107
that is to say 109
The Book of Tea 23
the British Museum 147
the educational reforms of
  the Thatcher years 97
the former 109
the Middle Ages 37
the other way round 111
the point 31
the shot of nonattachment 63
the tip of the iceberg 101
theme 147
then 31
therefore 27
think of … 149
thirst 25
throughout 39
thus 33
thyself 77
tidy 141
till 149
to be sure 73
to the extent of … 77
to the full 27
Tokyo Metropolitan Art Museum 45
tone 173

totally	69	way	43, 73
traditional	71	weary	139
traffic light	113	weather	111
transcend	13	weave	149
transform	15	weird	173
translation	77	well-known	171
translator	171	whatever	111
tricky	103	whereas	99
trinity	141	whether	69
truly	45	whole	115
truth	33	whomever	115
turn	31	Why not 'cat' or 'dog'?	109
turn to …	139	wide of the mark	175
twig	139	wildly	167
type	69	wonder	69
typically	135	work	39, 107

– U –

		worry	149
Ueshiba Morihei	59	worship	71
under its name	13	worshipper	69
underline	11	wrong	43
undertake	19	wrongly	173

– Y –

unique	167
uniqueness	169
universally	115
unless	115
unlikely	115
unplanned	71
unpleasant	173
unrealistic	43
upon	149
utter	71

Yamaoka Tesshu	59
Yes-and-No game	175
Yuien	145

– V –

vaguely	95
value	33, 175
variation	103
various	59
varying	113
verdure	139
view	25

– W –

wall	117
warrior	59
water	139

著者紹介

大橋　理枝 (おおはし・りえ)

京都生まれ，東京育ち

2000 年　ミシガン州立大学コミュニケーション学科博士課程修了（Ph.D. in Communication）

2001 年　東京大学大学院総合文化研究科言語情報科学専攻博士課程単位取得満期退学，助教授として放送大学勤務

現在　　放送大学教授

専攻　　異文化間コミュニケーション

主な論文・著書

『音を追究する』（共著，放送大学教育振興会，2016）

『色と形を探究する』（共著，放送大学教育振興会，2017）

『異言語との出会い―言語を通して自他を知る―』（共著，放送大学教育振興会，2017）

『耳から学ぶ英語』（共著，放送大学教育振興会，2018）

『コミュニケーション学入門』（共著，放送大学教育振興会，2019）

「小学校・中学校の国語科指導要領にみる学びの型：平成 20 年版と平成 29 年版の項目対応を踏まえて」『放送大学研究年報』第 36 号，113-126（2018）

斎藤　兆史 (さいとう・よしふみ)

1958 年	栃木県に生まれる
1981 年	東京大学文学部英語英米文学科卒業
1983 年	東京大学大学院人文科学研究科英文学専門課程修士課程修了
1989 年	インディアナ大学英文科修士課程修了（M.A.）
1997 年	ノッティンガム大学英文科博士課程修了（Ph.D）
現在	東京大学大学院教育学研究科教授
専攻	英語文体論，英語教育
主な著書	『英語達人列伝』（中央公論新社，2000）
	『英語の作法』（東京大学出版会，2000）
	『英語達人塾』（中央公論新社，2003）
	『英文法の論理』（日本放送出版協会，2007）
	『日本人と英語』（研究社，2007）
	『翻訳の作法』（東京大学出版会，2007）
	『努力論──決定版』（中央公論新社，2013）
	『教養の力──東大駒場で学ぶこと』（集英社，2013）
	『めざせ達人！英語道場──教養ある言葉を身につける』（筑摩書房，2017）

放送大学教材　1420127-1-2111（テレビ）

英語で「道」を語る

発　行　　2021 年 3 月 20 日　第 1 刷
著　者　　大橋理枝・斎藤兆史
発行所　　一般財団法人　放送大学教育振興会
　　　　　〒 105-0001　東京都港区虎ノ門1-14-1　郵政福祉琴平ビル
　　　　　電話　03（3502）2750

市販用は放送大学教材と同じ内容です。定価はカバーに表示してあります。
落丁本・乱丁本はお取り替えいたします。

Printed in Japan　ISBN978-4-595-32290-7　C1382

添付 CD について

　この CD には，「英語で『道』を語る」の授業で取り上げられている
エッセイを音読したものが収録されています。Lesson 1, Lesson 2, Lesson
3, Lesson 5, Lesson 6 は斎藤が，Lesson 8, Lesson 9, Lesson 11, Lesson 12,
Lesson 14 は大橋が，それぞれ朗読しています。それぞれのエッセイを，
途中に区切れのない形で朗読したものをお聞き頂き，勉強に役立てて下
さい。よく使われる表現などは，それが使われている文も一緒に覚えて
頂くと効果的だと思います。そのためにも，何度も繰り返し聞いてご活
用下さい。

　この CD の制作でお世話になった NHK エデュケーショナルの三橋貞
子氏と塚谷理恵氏，及び録音・編集のスタッフの方々に，この場をお借
りして御礼申し上げます。

斎藤 兆史・大橋 理枝

『英語で『道』を語る』添付 CD

〈CD の利用について〉
・本書の CD は，CD プレイヤーでご利用ください。
・この CD を，権利者の承諾なく，個人的な範囲を超える使用目的で
　複製すること，ネットワークなどを通じてこの CD に収録された音
　を送信できる状態にすることを禁じます。

発　　行	一般財団法人　放送大学教育振興会
企画・制作	放送大学学園
協　　力	株式会社 NHK エデュケーショナル
出　　演	斎藤 兆史・大橋 理枝

この CD は，放送大学学園の放送教材をもとに編集・制作されました。